빛깔있는 책들 103-13

신장상

글, 사진/김정희

대원사

김정희 ──────

이화여대 사학과를 졸업, 한국정신문
화연구원 한국학대학원 박사 과정을
수료했다. 현재 서울시립미술관 전문
위원이며 이화여대, 덕성여대 등에
출강중이다. 주요 논문으로 '조선
후기 지장보살화의 연구' '조선조
명종대의 불화 연구' '고성 옥천사
명부전 도상의 연구' 등이 있다.

신장상

신장상

신장이란 무엇인가

    고요한 산사를 찾아가면 가장 먼저 눈에 띄는 것이 문 양쪽에서 험상궂은 얼굴로 서 있는 인왕상(仁王像)과 어두침침한 곳에서 칼이나 창 등의 무기를 들고 부리부리한 눈으로 노려보는 사천왕상(四天王像)이다. 또 탑이라든가 부도(浮屠) 등에도 무장형(武裝形)의 여러 상들이 조각되어 있는 것을 볼 수 있으며, 명부전(冥府殿) 안에는 인왕상이 눈을 부릅뜬 모습으로 주먹을 쥐고 막 내려칠 듯한 자세를 취하고 있다. 그런가 하면 불전 안에는 여러 가지 무기를 든 신중들이 그려진 탱화(幀畫)가 걸려 있기도 하다. 이들이 바로 부처님의 정법(正法)을 수호하고 사찰(寺刹)을 호위하는 신장상(神將像)들이다.

    불교에는 부처, 보살 이외에 범천(梵天), 제석천(帝釋天)을 비롯하여 사천왕, 8부중(八部衆) 등 수많은 호법신(護法神)들이 있어, 부처님이 설법하실 때 여러 성중(聖衆)과 함께 불법을 찬양하며 불법의 외호(外護)를 맹세하는 모습으로 나타나는데, 이들을 일컬어 신중(神衆)이라고 한다. 이 신들은 원래 불교 발생 이전의 인도 고대 신화 속에 등장하는 신들로 일찍이 많은 사람들로부터 존경을 받아

왔지만, 부처의 정신력과 자비로운 마음에 감동되어 호법 선신(善神)의 기능을 갖고 불교에 귀의하였다. 따라서 불교가 전파되면서 그들까지도 포함하는 신앙 형태를 갖게 되었다.

그러므로 신중이라고 할 때는 인도의 고대 신들과 그 밖에 불교에 들어온 여러 지역의 신까지도 모두 일컫는 매우 광범위한 말이지만, 이 중에서 특히 무장형의 여러 존상(尊像)을 '외호신중(外護神衆)' 또는 '신장'이라고 부른다. 곧 신장이란 수많은 호법 선신 가운데 무력으로 적을 항복시키며, 불법(佛法)을 옹호하고 불경(佛經)을 수지 독송(受持讀誦)하는 사람들을 외호하는 신들을 말한다.

신장들은 부처나 보살들보다는 한 단계 낮은 지위에 있는 신들이다. 그러나 그들의 역할이 불법을 수호하는 것이기 때문에 불교 안에서 이들에 대한 신앙이 널리 퍼졌으며, 더불어 활발한 조상(造像) 활동이 이루어져 왔다. 또한 불법을 수호하는 역할은 국가의 수호(곧 護國), 전쟁의 승리 등으로 발전되어, 신장에 대한 신앙은 국난에 처했을 때 국가적으로 매우 중요시되었다. 또 개인적으로도 형이상학적인 불법을 설하는 부처나 보살보다도 생활에 바로 직결된 현세 이익의 신이기 때문에 이들에 대한 신앙이 유행하였다.

신장의 종류는「화엄경」에 등장하는 화엄 신중(華嚴神衆)을 비롯하여「법화경」의 영산회상 수호신장(靈山會上守護神將),「인왕호국반야경」「대반야경」에 나타나는 호국 선신 등 매우 다양하다. 그러나 이 모든 신장들 중에서도 특히 우리나라는 예부터 범천, 제석천, 인왕, 사천왕, 8부중, 12신장 등이 널리 신앙되고 조성되어 왔다.

신장상은 불교 전래 때부터 조성되기 시작하여 현재 불교 미술의 모든 분야에 걸쳐 많은 작품들이 남아 있다. 그러나 신중 탱화를 제외한 신장상들은 대부분 어떤 미술품에 부수적으로 조각되거나 부착되어 그 미술품을 보호하고 옹호하는 기능을 지닌다. 곧 불탑이나 부도에 조각된 경우는 그 안에 봉안된 사리를 옹호하는 뜻이며,

사경(寫經)의 변상도(變相圖)로 그려진 경우는 불경의 내용을 보호하는 뜻이다. 그리고 사찰 문에 그려진 경우는 가람 수호의 의미를 갖는 등 주로 호법의 의미를 지니고 있다. 그리고 신중 탱화는 신중 그 자체를 신앙의 대상으로 하여 재앙을 없애는 벽사(辟邪)의 기능이 중심이 되고 있다.

계유명 청동 신장 입상 계유명(癸酉銘)의 명문이 있는 고려 시대의 청동제 신장 입상이다. 머리에 사자관(獅子冠)을 쓰고 있어 8부중의 하나인 간달바(乾闥婆)로 추정된다. 부산 개인 소장, 높이 40.7센티미터.

우리나라의 신장 신앙

우리나라에서 언제부터 신장에 대한 신앙이 시작되었는지는 정확히 알 수 없으나 삼국 초기 불교가 전래될 때 함께 시작되었다고 추측된다. 물론 현존하는 예를 볼 때는 삼국 통일을 전후한 시기부터의 유물이 전하고 있지만,「삼국유사」를 비롯한 고대 기록에 삼국 시대의 신장 신앙에 대한 단편적인 기록들이 전하고 있다.

우선 신라의 경우 진평왕(579~632년)은 제석천을 호국, 호법의 선신으로 신앙하여 내제석궁(內帝釋宮)을 세웠다. 또 선덕여왕 (632~647년) 때는 당나라에 갔던 자장 법사가 태화(太和) 못가를 지나다 선인에게 범왕(梵王)의 명을 받고 황룡사를 수호한다는 호법 룡(護法龍)의 얘기를 들었다고 전한다. 이 기록들에서는 이미 범천과 제석천에 대한 신앙이 전해져 있었다는 사실을 알 수 있으며, 그 신들에게 호국, 호법 신장으로서의 역할이 주어져 있었음을 짐작할 수 있다.

선덕여왕 3년(634)에 세운 분황사 석탑의 1층 탑신 4면에 부조된 8구의 인왕상은 이러한 사실을 뒷받침한다. 아울러 선덕여왕 시대에 활약하던 양지(良志) 스님이 영묘사의 천왕상을 비롯하여

68쪽 사진

사천왕사 탑 밑의 8부 신장, 법림사 좌우 금강신 등을 만들었다고 하는「삼국유사」권 제4 '양지사석조(良志使錫條)'의 기록은 다양한 종류의 신장에 대한 신앙과 조상(造像) 활동이 활발했음을 말해 준다.

그러나 무엇보다도, 신장에 대한 신앙이 본격화된 것은 문무왕 (661~681년) 때 사천왕사가 건립된 사실에서 찾아볼 수 있다. 「삼국유사」에 기록된 사천왕사의 건립 배경은 다음과 같다.

이 때 당나라의 군사와 여러 장병들이 머물러 장차 신라를 치려고 하자 왕(문무왕)이 이미 알고 군사를 내어 먼저 쳤다. 이듬해 당나라 고종이 인문(仁問) 등을 불러 꾸짖기를 '너희들이 우리 군사를 청해서 고구려를 멸망시키고서도 우리를 침해하니 무슨 까닭이냐?' 하고 곧 옥에 가두고 군사 50만 명을 조련하여 설방 (薛邦)으로 장수를 삼아 신라를 치려고 하였다. 이 때 의상 법사가 유학차 당에 건너가 인문을 찾아보니 인문이 그 사실을 말하는지라 의상이 곧 돌아와서 임금에게 아뢰니, 임금이 매우 염려하여 여러 신하들을 모아 방어할 계책을 물었다. 각간(角干) 김천존 (金天尊)이 아뢰기를 '근래에 명랑 법사(明朗法師)가 용궁으로 들어가 비법을 배워 왔으니 그를 불러 물으소서'라고 하였다. 명랑이 아뢰기를 '낭산 남쪽에 신유림(神遊林)이 있으니 그곳에 사천왕사를 세우고 도량(道場)을 개설하면 좋겠습니다.' 하였다. 이 때 정주에서 사람이 달려와 보고하기를 '당나라 군사가 무수히 우리나라 국경에 이르러 바다 위를 순회합니다'라고 하였다. 왕이 명랑을 불러 '일이 이리 급박하였으니 어찌하랴?' 하고 물으니 명랑이 말하기를 '채백(彩帛)으로 절을 가설(假設)하면 좋겠습니다.'라고 하였다. 왕이 채백으로써 절을 꾸미고 풀로 5방 신상 (五方神像)을 만들고 유가(瑜伽)의 명승 12명으로 하여금 명랑을

우두머리로 하여 문두루(文豆婁)의 비법을 행하게 하였다. 이
때 당나라 군사와 신라병이 교전하기도 전에 풍랑이 사납게 일어
나 당나라 배가 모두 침몰하였다. 그 후에 절을 고쳐 짓고 이름을
사천왕사라고 하였으며, 지금까지 비법을 행한 단석(壇席)이 없어
지지 않았다. (권2 紀異 第2 文虎王 法敏條)

이상의 기록은 당나라 군사가 쳐들어옴에 사천왕사를 세우고
문두루 비법을 행하여 물리쳤다는 내용이다. 문두루 비법(文豆婁祕
法)은 천제석, 사천왕, 여러 귀신, 왕, 신하들이 모여 부처에게 의문
나는 것을 묻고 대답하는 형식의 의식으로, 당시 사천왕사를 세워
문두루 비법을 행했다고 하는 사실은 곧 외호신중들의 가피(加被 ;
부처나 보살이 중생들에게 힘을 줌)에 의하여 국난을 극복하려 했던
의도라 생각된다.

백제에서의 신장 신앙 역시 단편적인 기록을 통해서 확인할 수
있다. 무왕(600~641년) 때 제석사를 세웠다는 기록이라든지 의자

금동신장상문경갑 불경(佛經)
을 넣어 보관하는 금동경갑
의 표면에 새겨진 신장상이
다. 경전을 수호하는 외호신
장(外護神將)의 모습이 효과
적으로 표현되어 있다. 국립
청주박물관 소장. 고려.

왕 20년(660) 5월에 풍우로 천왕사(天王寺)와 도양사(道讓寺)의 탑이 진동했다고 하는 기록 등은 일찍이 제석, 사천왕 등 신장에 대한 신앙이 있었음을 전해 주는 것이지만, 그 이상의 내용이 전하지 않아 자세한 것은 알 수 없다. 또 고구려에도 신장 신앙이 있었으리라고 생각되지만 현재 기록으로는 확인할 만한 것이 없다.

삼국시대의 신장 신앙은 삼국 통일을 전후하여 더욱 본격화되고 다양화되기 시작하였음은 현존하는 많은 유물을 통해서 알 수 있다. 곧 감은사 사리기(682년)의 사천왕상, 8부중상을 비롯하여 석탑과 부도 등에 인왕, 사천왕, 8부중, 12지 등이 부조된 예가 많이 남아 있으며, 750년경에는 석굴암 내부에 여러 신장상이 조각되고 있다.

한편, 고려시대에 이르러서는 불교가 국가와 사회의 위기를 극복하려는 신앙으로 수용됨에 따라, 불보살(佛菩薩)의 공덕과 여러 호국 신중들의 무력에 의해 국난을 극복하려는 법회와 도량 등이 크게 유행하였다. 그 가운데에서도 외적을 퇴치한다거나 질병, 한발, 풍우 등 내우(內憂)를 극복하기 위한 목적으로 설치된 법회나 도량이 많았다. 80여 종 1천여 회에 이르는 법회, 도량이 대부분 호국적이었다는 것을 보아도 당시의 불교가 얼마나 호국, 호법적이었는가 하는 것을 잘 알 수 있다.

당시에 행해진 의식 가운데 특히 많았던 것이 인왕백고좌도량(仁王百高座道場)과 금광명경도량(金光明經道場), 금광명법회, 사천왕도량 등이다. 이 가운데 금광명경도량과 사천왕도량은 「금광명경」에 의한 호국 신앙이 중심이 된 것으로, 「금광명경」을 수지 독송하면 사천왕과 그 권속이 외적의 침입, 기근과 질병 등 모든 재난으로부터 보호해 준다고 믿어 나라에 환란이 있을 때마다 도량이나 법회를 열어 국난을 타개하였다.

이 밖에 제석도량(帝釋道場), 북제천병호국도량(北帝天兵護國道

통도사 사천왕문 사천왕상 절로 들어가는 입구인 사
천왕문에는 무기를 들고 험상궂은 모습으로 서 있는
4구의 신장상이 모셔져 있다. 이들이 바로 수미산의
사방을 수호하는 사천왕이다. 이 상은 동쪽을 수호하
는 지국천왕(持國天王)이다. 경남 양산군 하북면 지
산리 소재.

場), 화엄천병신중도량(華嚴天兵神衆道場) 등도 모두 호국, 호법의
목적으로 설치된 것이다. 따라서 이러한 법회나 도량을 설치할 때는
반드시 그에 알맞는 그림이나 조각을 모셔 놓고 의식을 행해야 했으
므로 다수의 탱화와 조각이 조성되었으리라고 생각된다. 또 선원사
비로전의 내벽과 외벽에 40신중을 가득 그렸다고 하는 기록('禪源
寺毘盧殿丹靑記')이나 안화사의 제석상, 영묘사와 사천왕사의 소상
에 관한 기록에서도 알 수 있듯이 사찰 안에도 많은 신장 탱화와
상이 모셔져 예배되었다고 생각한다. 그러나 현재 남아 있는 고려시
대 신장상의 예는 그리 많지 않다. 일부 탑이나 부도, 벽화, 변상도
(變相圖), 사리기, 불감 등에 표현된 예를 통해서 당시 신장 신앙의
유행의 정도를 추측해 볼 수 있을 따름이다.

조선시대에 이르러서는 성리학이 새로운 사회적, 정치적인 이념으
로 등장함에 따라 신장은 호국의 역할을 맡지 않고, 단지 가람 수호
또는 호법이라고 하는 신장 본래의 기능에 의한 신앙의 대상으로서

만 믿어져 왔던 것으로 생각된다. 탑이나 부도 등에는 신장상 대신 연화문이나 운룡문(雲龍文), 화문 등이 장엄되었다. 그리고, 신장상은 천왕문이나 명부전 등에 배치되는 인왕, 사천왕상을 비롯해서 전각 안의 신중 탱화가 주류를 이루었다. 특히 조선 후기에 이르면 수많은 신중 탱화가 조성되어 현재도 많은 작품이 전해지고 있다. 당시의 신중 신앙은 주로 제석, 범천을 중심으로 하여 벽사나 강복 소재(降福消災), 곧 복을 내리고 재앙을 없애는 기능을 갖고 있었던 것으로 보인다. 따라서 숭유 억불을 국시로 하였던 조선 사회에서는 신장이 갖고 있던 외호적 기능이 불전 안의 불보살 수호라고 하는 내호적 신앙으로 탈바꿈하면서 신중 탱화가 크게 유행하였던 것으로 생각해 볼 수 있다.

결국 신장 신앙은 시대적인 성격에 따라 호국 또는 호법이라는 외호적 역할을 수행하기도 했고, 때로는 개인의 신앙을 위한 기능을 하면서 꾸준히 발전되어 왔다.

신장상의 종류

제석천(帝釋天, Indra)

인다라(因陀羅)의 한역으로, 석가환인(釋迦桓因), 석가인다라(釋迦因陀羅), 석가제바(釋迦提婆) 등으로 쓰며, 천제석(天帝釋), 천제(天帝), 천주(天主), 천안(千眼) 등으로 한역된다.

제석천은 벼락을 신격화한 것으로, 고대 인도의 베다 신화에서는 벼락과 쇠갈고리, 인드라망을 무기로 하여 일체의 악마를 정복하는 신이었다. 우파니샤드 시대에 이르러서는 아수라와의 전쟁에서 승리하여 모든 신을 주재하는 최고의 위치를 차지하게 되며, 대지를 윤택하게 하여 작물이 자라게 하는 신으로 널리 믿어 왔다. 부처님의 설법을 듣고 난 뒤 감화를 받아 불교에 귀의하여 도리천(忉利天)의 주인으로서 수미산 꼭대기의 선견성(善見城)에 살며 범천과 함께 불법 수호의 역할을 하게 되었는데, 도리천중과 사천왕을 권속으로 삼고 있다.

제석천은 불교 초기부터 조성되기 시작하여 인도에서는 불전도(佛傳圖)에 나타나며, 간다라 미술에서는 범천과 함께 불삼존상으로

석굴암 제석천상 제석천은 도리천의 주인으로서 수미산 꼭대기의 선견성(善見城)에 살며 범천과 함께 불법 수호의 역할을 맡고 있는데, 도리천중과 사천왕을 권속으로 삼고 있다. 지물로서는 금강저(金剛杵)를 든 것이 일반적이다. 경북 경주시 진현동 소재. 국보 24호.

서의 예가 남아 있다. 중국에서는 장안의 사원 벽화에 자주 그려졌던 사실이 「역대명화기(歷代名畫記)」에 기록되어 있으며, 장승요(張僧繇)나 오도자(吳道子) 등 유명한 화가들이 여러 사찰에 귀신, 신상, 범천상과 함께 제석천을 그렸다고 한다. 현재는 돈황의 벽화를 비롯하여 불전도, 본생도(本生圖), 천수관음도 등에 몇 예가 남아 있다.

우리나라에서는 석굴암 안에 범천과 함께 나타나는 것이 가장 이른 예라고 볼 수 있다. 특히 고려시대에 이르러서는 제석천이 항마(降魔)의 능력이 있어 능히 적군을 항복시켜 준다고 믿어, 나라가 위기에 처했을 때 제석도량을 설치하는 등 그 신앙이 크게 유행하였다. 현재 고려시대의 작품 예로는 부석사 조사당의 제석 벽화를 비롯하여 불화 가운데 권속으로서 묘사된 예가 많이 있다. 제석 신앙은 조선시대에 이르러서도 꾸준히 계속되었는데, 현존하는 신중 탱화의 대부분이 제석천을 중심으로 한 그림이라는 점에서 제석신앙의 일면을 엿볼 수 있다.

제석천의 형상에 대해서는 "머리에 보관을 쓰고 몸에는 각종 영락(瓔珞)을 걸치고 금강저를 잡고 있다"(「大日經疏」), "독고저(獨股杵)를 든 동자형이다"(「賢劫十六尊軌」), "갑옷을 입고 보관을 쓰고 손에 막대를 들었다"(「眞寂法親王」)라는 등 다양하지만, 그림이나 조각으로 표현될 때는 금강저를 들거나 합장한 모습으로 나타나는 것이 일반적이다. 특히 고려 불화 가운데는 이마에 제3의 눈이라고 하는 수직의 눈이 그려져 있어 범천과 확실히 구별된다.

제석천 역시 일반 신장들과 마찬가지로 단독으로 조성되어 예배되는 경우는 거의 없고, 범천이나 다른 신장들과 함께 표현되곤 한다.

범천(梵天, Brahman)

범마(梵摩), 바라하마(婆羅賀磨), 범람마(梵覽摩)라고 쓰며, 청정(清静), 적정(寂静), 이속(離俗) 등으로 한역된다. 범천은 인도의 브라만교에서 만유의 근원인 브라만을 신격화한 우주의 창조신으로서 비슈누, 시바와 함께 3대신으로 불리운다. 불교에서는 석가모니에 귀의한 자가 되어 부처에게 설법을 청하고 항상 그 설법의 자리에 참석하여 법을 듣고, 또 제석천과 함께 천부(天部) 가운데 주요존으로서 불법 수호의 역할을 맡고 있다.

범천은 불교상 가운데 가장 빨리 조성되기 시작하여 1세기경 사르나드의 불전도에 이미 나타나며, 간다라 지방에서는 석가의 협시로 제석천과 함께 조성된 예가 남아 있다. 중국에서는 당의 오도자와 양정광(楊廷光)이 장안의 안국사에 범왕과 제석을 그렸다

지장시왕도의 범천 범천은 제석천과 함께 쌍으로 조성되기 때문에 구별이 힘들다. 그림의 오른쪽이 제석천, 왼쪽이 범천이다. 고려시대. 일본 일광사 소장.

는 것이 「역대명화기」에 기록되어 있으며, 현재 돈황 출토의 불화에서도 권속으로 묘사되어 있다. 우리나라에서는 석굴암에 제석과 상대하여 표현되어 있으며, 부석사 조사당 벽화를 비롯하여 많은 고려 불화에 권속으로 나타나고 있다.

범천의 형상에 대해서는 "거울을 들고 있다"(「陀羅尼集經」), "4면 4수로 오른손에는 연꽃과 보주, 왼손에는 정병(淨瓶)을 들고 있다"(「大日經疏」), "연꽃을 들고 있다"(「金剛界七集」)라고 적혀 있다. 그러나 보통 조각이나 그림으로 나타낼 때는 정병을 들고 있는 경우가 많은데, 이러한 도상은 「다라니집경」에서 "대범천은 왼손에 정병을 든다"라고 한 데서 유래한 듯하다. 그런데 범천은 제석천과 함께 쌍으로 조성되는 경우가 많기 때문에 어느 것이 범천이고, 어느 것이 제석천인지 구별하기 힘든 경우가 많다. 이 때는 정병을 들고 있는 상이 범천에 해당한다.

인왕(仁王, Vajradhara)

절에 들어가는 문이나 전각(殿閣)의 입구 좌우에 서서 불법을 수호하는 상을 일컫는 말로 이왕(二王), 이천왕(二天王), 금강역사 (金剛力士), 밀적금강(密跡金剛), 금강수(金剛手), 지금강(持金剛), 나라연천(那羅延天), 집금강신(執金剛神), 불가월(不可越), 상향(上向) 등 다양한 명칭으로 불린다.

벌절라다라(伐折羅陀羅, Vajradhara), 곧 "금강저를 손에 든 자" 라는 말에서도 알 수 있듯이 원래는 무장하고 손에 금강저를 든 상을 가리키지만, 한편으로는 나체상으로 바위 위에 서서 맨주먹으로 무엇인가를 내리치려는 분노의 상으로 나타나기도 한다.

인왕은 원래 인도에서 문을 지키는 신인 야차(Yakṣa)의 종류에 속하는데 서기전 2세기의 바르후트나 산치에 있는 탑문(塔門)을 비롯하여 간다라를 중심으로 한 불전도 등 인도 고대 조각에서 자주 표현되고 있다.

그런데 그런 경우에는 대개 한쪽 손을 들어 나뭇가지를 잡고 있으며 금강저와 같은 무기는 들고 있지 않지만, 야차가 점차 원적(怨敵)이나 악령을 퇴치하는 수호신으로 변하게 되자 금강저 계통의 무기를 잡는 일이 많아지게 되면서 불법의 수호신으로서 인왕상과 연결된 것이 아닌가 생각된다.

이러한 사실은 「근본설일체유부비나야잡사(根本說一切有部毘那耶雜事)」(권17) 가운데 "급고독장자(給孤獨長者)가 석존의 허락을 받아 기원정사 문의 양옆에 막대를 잡은 야차를 만들었다"라는 기록과도 일치한다.

이러한 야차상을 인왕상의 기원으로 보는 것이 성급한 일인지는 모르나 이미 석존 재세 때에 수문신(守門神)이 있었다는 사실은 매우 흥미롭다.

오어사 인왕도　인왕은 이왕(二王) 또는 금강
역사(金剛力士)라고도 한다. 가장 대표적인
수문신으로 대개 한쌍으로 표현된다. 입을
벌린 아형(阿形)이다. 경북 영일군 오천읍
항사동 소재.

　　인왕은 이왕 또는 이천왕이라고 하는 말에서도 알 수 있듯이 보통
은 한쌍으로 배치하여 금강·역사 혹은 밀적·금강이라고 부르기도
하지만, 원래 1존이었는지 2존이었는지는 분명치 않다. 「대보적경」
제9 '밀적금강역사회'에 의하면 옛날에 용군(勇群)이라는 전륜성왕
(轉輪聖王)에게 1천 2명의 왕자가 있었는데, 천 명의 왕자는 발심
성불(發心成佛)하여 천불(千佛)이 되고, 나머지 두 왕자 가운데
법의(法意)는 금강역사가 되어 천불의 법을 수호할 것을 서원하고,
또 한 왕자인 법념(法念)은 범천왕이 되어 이들 부처에게 설법을
청할 것을 서원하였다고 한다.

　　이 경전에 의하면 금강역사란 '법의' 한 명을 지칭하는 것으로서
오늘날과 같이 두 명을 지칭하는 것이 아님을 알 수 있으나, 절 문의
양쪽에 서서 불법을 수호하는 역할을 하게 됨에 따라 두 명으로

변화되었다고 생각된다.

　인왕의 형상에 대해서는 「증일아함경」 「대보적경」 「법구비구경」
등 많은 경전에서 항상 석존의 주위에 협시하여 금강저를 잡은 모습
이라고 말하고 있다. 또 「섭무애경」에서는 좀더 구체적으로 "신체는
살색이며 분노항마(忿怒降魔)의 모습인데, 육계 모양으로 묶은 머리
에 왼손은 주먹을 쥐고 허리를 누르고 오른손에는 금강저를 잡고
있다"라고 설명하고 있다. 또 인왕을 금강과 역사 등 두 명으로
보는 쪽에서는 입을 벌린 상(開口像, 阿形)을 금강이라 하는데 독고
금강(獨鈷金剛)을 갖고 있기 때문이며, 입을 다문 상(閉口像, 吽形)
은 강력함을 과시하기 때문에 역사라 부른다. 또한 오늘날 절에서는
왼쪽에 있는 것은 밀적금강, 오른쪽에 있는 것은 나라연금강이라고
부르고 있다.

안동 동부동 전탑 인왕상
전탑이나 석탑의 경우
탑신의 문비 양쪽에 인왕
상을 배치하는 경우가
많다. 이것은 수문신으로
서의 역할과 사리 수호의
역할이 함께 표현된 것으
로 생각된다. 경북 안동시
동부동 소재. 통일신라.
보물 56호.

인왕상의 조상 예는 이미 서기전 2세기의 바르후트나 산치의 탑문에서부터 시작해서 불교의 동전(東傳)에 따라 중앙아시아로 전파되어 현재 쿰트라 지방의 벽화에도 금강저를 잡은 수호 신장상이 그려져 있다. 중앙아시아를 거쳐 중국에 이르면 특히 6세기부터 9세기에 걸쳐 운강, 용문, 맥적산, 돈황, 천룡산 등 석굴 사원에 조각, 부조, 그림 등의 형태로 다수의 예가 남아 있다.

우리나라에서는 언제부터 수호신으로서의 인왕상이 조성되었는가는 분명치 않으나, 634년에 조성된 분황사 석탑에 나타나고 있는 것으로 보아 삼국시대부터는 활발한 조성이 이루어졌다고 생각된다. 현재 석탑을 비롯하여 부도, 불감, 사리기, 변상도 등에 부조(浮彫) 혹은 선조(線彫)의 형태로 많이 남아 있다.

안동 조탑동 전탑 인왕상 전탑은 많은 경우 문을 통하여 탑의 내부로 들어가게 되어 있는데, 문 양쪽에는 보통 권법 자세 혹은 무기를 든 인왕상이 서로 마주 보며 입구를 지키고 있다. 경북 안동군 일직면 조탑동 소재. 통일신라. 보물 57호.

경주박물관 소장 인왕상 경주시 하동에서 출토되었다고 전하는 8구의 인왕상이다. 사각 석주의 모서리에 각각 2구의 인왕상이 조각되어 있는 것으로 보아 아마도 석탑 탑신 4면에 조각되었던 인왕상으로 생각된다. 과장되게 몸을 비틀고 권법 자세를 취하고 있는 모습에서 인왕의 역강한 힘을 느낄 수 있다. 통일신라. 높이 84센티미터.

경주박물관 인왕상　경주박물관 제2 별관 앞에 좌우로 배치되어 있는 한쌍의 인왕상이
다. 거의 환조(丸彫)에 가까운 고부조로 표현되어 있으며 유려하면서도 강직한 조각
선은 통일신라시대의 사실주의적 양식을 잘 보여 준다. 경주시 구황동 분황사 부근
출토. 통일신라. 높이 152센티미터.(왼쪽, 오른쪽)

경주박물관 정원 탑신 사천왕상 탑에 봉안된 사리를 수호하는 의미로 탑의 기단부나 1층 탑신에 사천왕상을 부조한다. 통일신라.

사천왕(四天王)

수미산의 중복에 있는 4왕천에 살며 4방 4주(東 勝身洲, 南 瞻部洲, 西 牛貨洲, 北 瞿盧洲)를 수호하는 호법신이다. 4대천왕(四大天王), 호세4천왕(護世四天王), 호세주(護世主), 4왕(四王)이라고도 한다. 동 지국천(持國天), 남 증장천(增長天), 서 광목천(廣目天), 북 다문천(多聞天) 등 4존으로 이루어져 있다.

원래는 인도 신화 시대부터 있었던 호법신으로 고대 인도의 바르후트 탑에 증장천이 묘사된 것으로 보아 서기전 2세기경부터 불교에 유입된 듯하다. 산치, 간다라, 아마라바티 등의 부조물에서도 보인다. 특히 간다라 미술에서는 석가 성도의 장면에 마왕의 군대가 방해하여 전투를 할 때 지국, 증장, 광목, 다문 등 사천왕이 활약하는 불전도가 전해지고 있다.

사천왕 신앙은 인도에서부터 시작되어 일찍이 「장아함경」 「증일아함경」 등을 비롯하여 많은 경론에서 사천왕상의 공덕을 설명하고 있지만, 널리 믿어지고 도상화된 것은 「금광명경」이 유행된 다음부터이다. 「금광명경」은 4세기경 인도에서 성립된 경전으로, 417년에 담무참(曇無讖;414~426년)에 의해 처음 한역되어 진체삼장(眞諦

三藏)이 증보하여 5권이 되고, 수나라 때는 보귀(寶貴)가 이 두 종류를 합하여 8권으로 만들었다. 그 뒤 중당(中唐)에 와서는 703년 의정(義浄)이 새로 범본(梵本)에서「금광명최승왕경(金光明最勝王經)」10권을 한역하기에 이르렀다. 특히 이 경전은 국가가 위태로울 때 사천왕의 힘으로 외적을 물리칠 수 있다는 것 때문에 국가적 위기가 있을 때 널리 유행하였는데, '사천왕호국품(四天王護國品)'에서는 그 공덕을 다음과 같이 설명하고 있다.

또한 이 경을 듣는 사람과 국왕을 호념하여 쇠퇴하고 근심, 재난이 없이 안온하게 할 것이며 외부의 적이 다 물러가게 하겠나이다. 만일 어떤 임금이 이 경을 듣는데 이웃나라 적들이 병사를 일으켜 저 나라를 침략하려는 생각을 한다면, 세존이시여 이 경왕의 위신력이 있기 때문에 그 때에 저 나라에 원적을 품은 또 다른 이웃 나라가 저 나라의 경계를 침범할 뿐 아니라 재변어 생기고 질병이 유행하게 될 것이오며, 이 때에 이 나라 임금이 이를 보고 네 병사를 일으켜 저 나라를 토벌하게 할 것이옵니다.

이처럼「금광명최승왕경」을 수지 독송하면 사천왕과 모든 귀신들이 국왕과 인민을 수호하고, 모든 재앙을 물리치며 적국을 항복시켜 지상의 모든 국가를 태평하게 한다는 내용을 담고 있기 때문에 가장 대표적인 호국 경전으로 널리 유행하였다.

사천왕에 대한 신앙은 중앙아시아를 거쳐 중국으로 전파되었는데, 초기 인도에서는 간다라의 부조 불전도에 표현된 것처럼 귀족의 복식을 한 온화한 모습으로 나타났으나 차츰 갑옷과 투구를 걸친 분노상으로 변화되고 있다. 중국에서도 일찍이 사천왕상이 조성되기 시작하나 중국에서의 사천왕상은 4구가 모두 표현되는 것은 비교적 적고, 2천왕만 조성되는 것이 압도적으로 많다.

한편, 우리나라에서는 6세기 말경 4권본 「금광명경」 또는 8권본 「금광명경」이 전래되면서부터 사천왕 신앙이 유행한 듯하다. 「삼국사기」에는 백제 의자왕 20년(660) "천왕사와 도량사의 탑이 진동했다"라는 기록이 보인다. 천왕사는 분명히 사천왕사를 의미하고, 593년 일본에 사천왕사가 건립된 것도 백제의 영향으로 생각된다.

사천왕 신앙은 삼국 통일 무렵에 보편화된 것으로 생각되는데, 이런 사실을 잘 보여 주는 예가 바로 사천왕사 건립과 사천왕상 조성에 관한 기록들이다. 「삼국유사」에 의하면 당 고종이 병사를 파견하여 신라를 정벌하려고 할 때 문무왕이 명랑 법사의 진언에 의하여 낭산의 남쪽 신유림에 사천왕사를 창건하여 도량을 열어 당의 항복을 기원하니 교전에 앞서 풍파가 일어 당나라 배가 모두 수몰되었다고 한다. 이 밖에도 영묘사에 천왕상이 있었다는 기록이

나, 감은사탑 사리기(682년)에 사천왕상이 조각된 사실, 양지 스님 94쪽 사진
이 영묘사 천왕상과 사천왕사의 사천왕상을 조성하였다는 사실은
당시 사천왕 신앙이 얼마나 널리 퍼져 있었나 하는 것을 보여 주는
좋은 예이다.

사천왕 신앙은 고려시대에도 그대로 이어졌다. 특히 외적의 침입
이 많아 사회가 불안했던 때에는 국난 극복을 위한 금광명경도량이
자주 설치되었다. 문종이 1074년 사천왕사에서 27일 동안 문두루
도량을 설하여 번병(藩兵)을 기도했다든지, 예종 3년(1108)에 여진
족이 쳐들어왔을 때 비사문사(毘沙門寺)에 사천왕도량을 설치하였
고, 고종 4년(1217)에는 선덕전(宣德殿)에 사천왕도량을 개설했다
는「고려사」의 기록은 호법 신앙으로서의 사천왕 신앙이 크게 유행
하였음을 말해 주고 있다. 사천왕의 명칭과 성격은 다음과 같다.

사천왕사지 출토 신장상 전 탑의 1층 탑신 또는 기단부에
놓여졌던 것으로 추정되는데, 흔히 사천왕상이라고 부르
고 있지만 근래에 와서는 8부중이라는 설도 있다. 당당
하고 세련된 신체 표현, 정확한 신체 각부의 비율, 원각
상에 가까운 부조 등 거의 완벽에 가까운 인체미를 구현
시키고 있는 작품이다. 양지 스님의 작품으로 추정된
다. 국립경주박물관 소장. 통일신라.(왼쪽, 오른쪽)

남해 용문사 사천왕상 사찰문에 배치되는 사천왕상의 경우 현존하는 것들은 대부분 조선 후기 이후의 것들이다. 이 경우 사천왕의 지물이나 도상은 조선 후기의 일반적인 예를 따라 지국천왕은 비파, 증장천은 보검, 광목천은 용과 여의주 또는 새끼줄 그리고 다문천은 탑을 받쳐든 모습으로 나타난다. 경남 남해군 이동면 용소리 소재. (왼쪽, 오른쪽)

남해 용문사 사천왕상 배치법은 오른쪽에 광목천과 다문천, 왼쪽에 지국천과 증장천
이 짝을 이루며 봉안되고 있다.(왼쪽, 오른쪽)

예천 동본동 석탑 사천왕상 상층 기단의 4면에 사천왕상이 조각되어 있는데 현재 마손이 심해 조각선이 뚜렷하지 않다. 경북 예천군 예천읍 동본동 소재. 보물 426호.

예천 동본동 석탑 사천왕상 이 상이 부조된 탑 옆에 서 있는 석조 여래 입상과 함께
통일신라시대 9세기경에 조성된 것으로 추정된다.

고달사 원종대사 혜진탑 사천왕상 8각 원당형을 이루는 부도의 경우는 대개 8각의 4면에 사천왕상을 배치하고 나머지 4면에는 문비형이나 기타 다른 조각상을 배치하는 것이 일반적이다. 이 상은 부조가 강하면서도 전반적으로 조각 수법이 평면화되고 정제된 면을 보이고 있어 고려 초기의 양식적 특징이 잘 표현되고 있다. 경기도 여주군 북내면 상교리 소재. 977년. 보물 7호.(왼쪽, 오른쪽)

지국천(持國天, Dhṛtarāṣṭra)

수미산의 중복에 살며 동방을 수호하는 선신으로 국토를 지키고 중생을 편안하게 하기 때문에 지국(持國)이라고 한다. 곧 지국천왕은 부처님의 정법을 받들어 염부리의 동방을 지키며 삼악도(三惡道)를 없애고 삼선도(三善道)를 더욱 조장하겠다는 서원을 세운 천왕이다. 이 왕의 성(城)은 모두 7보로 장식되어 있고 과일나무와 새가 가득 차 있으며, 91명의 아들이 있는데 부장으로서 간달바와 비사카를 거느린다고 한다. 지국천왕의 형상에 대해서는 경전마다 약간씩 달라서「다라니집경」에서는 "왼손은 팔을 내려서 칼을 잡고 오른손은 팔을 구부려 보주를 쥔다"라고 했고, 또「일자불정륜왕경」에는 "왼손에 창을 잡고 오른손은 손바닥을 올려 든다"라고 적혀 있다. 대개 조각상으로 표현될 때는 왼손에 칼, 오른손에 보주를 든 모습으로 묘사된다.

증장천(增長天, Virūḍhaka)

수미산의 남쪽에 살며 항상 염부리의 중생을 관찰하고 남방을 수호하는 호법신이다. 증장(增長)이라는 말은 더욱 길고 더욱 넓다는 뜻으로, 중생의 이익을 증장시켜 준다는 의미를 갖고 있다. 증장천이 다스리는 남방천은 선견(善見)이라고 부르는데 7보로 장식된 아름다운 성에 살며 여러 용왕을 대령하여 큰 위력이 있다고 한다. 증장천의 형상에 대해서는 "왼손을 펴서 칼을 지니며 오른손은 창을 든다"(「다라니집경」), "오른손은 허리에 대고 왼손에는 창을 가진다"(「일자불정륜왕경」)라고 하였는데, 대체로 칼을 든 모습으로 표현된다.

원원사지 3층석탑 사천왕상 통일신라 시대의 절터인 원원사지에는 현재 동 서로 두 탑이 마주 보고 서 있는데, 각각 1층 탑신에는 사천왕상, 상층 기 단에는 12지상이 조각되어 있다. 사 천왕상은 특히 조각이 섬세하고 사 실적이며 상당한 고부조로 조각되었 는데, 4왕 모두 악귀를 밟고 있는 당 당한 모습이다. 위는 서 3층석탑의 조각이고 왼쪽은 동 3층석탑이다. 경 북 월성군 외동면 소재. 통일신라.

원원사지 동 3층석탑 사천왕상(지국천) 지국천은 수미산의 중복에 살며 동방을 수호하는 선신으로, 국토를 지키고 중생을 편안하게 하기 때문에 '지국(持國)'이라고 한다. 대개 조각상으로 표현될 때는 왼손에 칼, 오른손에 보주를 든 모습으로 묘사된다. 경북 월성군 외동면 소재. 통일신라.

경주박물관 탑신 사천왕상(지국천) 국립경주박물관의 정원에 놓여 있는 탑신으로
4면에 사천왕이 새겨져 있다. 한 손에는 비스듬히 칼을 내려 잡고 있으며 악귀를
밟고 서 있는데, 유려하고 사실주의적인 조각 수법이 돋보이는 작품이다. 통일신라.
높이 90센티미터.

염거화상탑 증장천은 수미산의 남쪽에 살며 남방을 수호하는 호법신이다. 중생의 이익을 증장시켜 준다는 왕으로 7보로 장식된 아름다운 성에 살며 용왕을 대령하여 큰 위력이 있다고 한다. 대개 칼을 든 모습으로 표현된다.

경주박물관 탑신 사천왕상(증장천) 저의 정면향인 입상으로 왼손은 가슴에 들어 올렸고 오른손은 허리에서 금강저 같은 것을 잡고 있다.(왼쪽)
탄력적이면서 우아한 신체 등 세련된 모습을 보여 주며, 오른손에는 칼을 잡고 왼손은 어깨까지 들어 엄지와 무명지를 대고 있다.(오른쪽)

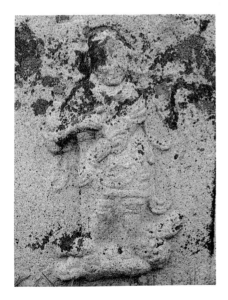

경주박물관 탑신 사천왕상 왼손에 긴 칼을 들고, 오른손은 허리에 대고 악귀를 밟고 있다. 툭 불거진 눈과 흉갑이 무장한 모습을 더욱 두드러지게 한다. 탑신의 한 면에 돋을새김된 사천왕상이다.

경주박물관 탑신 사천왕상(다문천) 다문천은 수미산의 북쪽에 살며 북방을 수호하고 재복, 부귀를 맡아 불법을 수호하는 신이다. 불탑을 받쳐 든 모습으로 나타나기 때문에 4왕 가운데서 쉽게 구별된다.

광목천(廣目天, Virūpākṣa)

크고 넓은 눈을 가진 천왕으로 수미산의 서쪽에 살면서 무수한 용을 권속으로 하며 서방을 수호하는 신이다. 자재천(自在天)의 화신으로 얼굴 위에 3개의 눈이 있기 때문에 광목(廣目)이라고 불리운다. 광목천의 형상은 "왼손에는 창을 가지고 오른손에는 새끼를 가진다"(「다라니집경」), "왼손에는 창, 오른손에는 금강저를 가진다"(「일자불정륜왕경」)라고 했는데, 보통 붉은 새끼줄과 금강저를 든 모습으로 표현된다.

다문천(多聞天, Vaiśravaṇa)

수미산의 북쪽에 살며 북방을 수호하고 재복 부귀를 맡아 불법을 수호하는 선신이다. 항상 부처님의 도량을 수호하며 설법을 듣기 때문에 다문(多聞)이라고 한다. 「장아함경」에 의하면 그가 사는 성은 7보로 장식되어 있으며, 28명의 사자를 거느리고 91명의 아들이 있다고 한다. 다문천왕의 형상적 특징에 대해「다라니집경」에서는 "왼손은 창을 잡아 땅에 짚고 오른손은 불탑을 받든다"라고 했으며,「일자불정륜왕경」에서는 "왼손에는 창을 들고 오른손에는 금강저를 가진다"라고 하였듯이, 보통 탑을 든 모습으로 표현되기 때문에 4왕 가운데 쉽게 구별된다.

8부중(八部衆)

불법을 수호하는 8종의 신으로서 천(天), 용(龍), 야차(夜叉), 아수라(阿修羅), 간달바(乾闥婆), 긴나라(緊那羅), 가루라(迦樓羅), 마후라가(摩睺羅伽) 등을 말한다. 8부중에 속하는 신들은 모두 불교 이전의 고대 인도 신들로서 그 성격도 악마나 귀신에 해당하지만,

석가에게 교화된 뒤 불법을 수호하는 선신으로 재구성되어 10대제자와 함께 부처의 설법을 호위하는 역할을 맡게 되었다. 따라서 불교 안에서는 비교적 지위가 낮은 하위의 신들로 나타난다.

8부가 조합된 기원에 대해서는 자이나교의 빈타나(Vy-ntana)라는 여덟의 초인적 세력을 가진 귀신과 관련을 짓기도 하는데, 8부중은 불교 경전에도 일찍이 나타나 「법화경」을 비롯한 여러 곳에서 석가모니 설법 때의 청중으로 등장한다. 그런데 8부중의 존상들은 각기 단독상은 아니고 복수(複數)의 신들로서 그 이름에도 여러 가지 설이 있으며, 또 따로 사천왕의 권속을 8부중 또는 8부중귀(八部衆鬼)라고 칭한 곳도 있다. 곧 「인왕호국반야경소」에서는 동방 지국천의 권속에 간달바, 비사카, 남방 지국천의 권속에 구반다, 사리다, 서방 광목천의 권속에 용, 부다나, 북방 다문천의 권속에 야차, 나찰 등 8부중을 들고 있다.

8부중은 불법을 수호하는 불타8부중(佛陀八部衆)과 사천왕의 부장인 사천왕8부중(四天王八部衆)의 두 가지가 있는데, 보통 8부중이라고 할 때는 부처의 설법을 듣기 위해 모여든 불타8부중을 말하며 우리나라에서도 불타8부중에 속한 아수라가 분명하게 등장하는 것으로 보아 불타8부중이 형상화되고 있는 것으로 알려지고 있다.

8부중의 배치 순서에 대해서 「관불삼매해경」에는 천, 야차, 간달바, 아수라, 가루라, 긴나라, 마후라가, 용의 순으로, 「법화경」에서는 천, 용, 야차, 간달바, 아수라, 가루라, 긴나라, 마후라가의 순으로, 「다라니집경」에서는 천, 용, 야차, 가루라, 간달바, 아수라, 긴나라, 마후라가의 순으로 되어 있다. 그런데 석굴암 8부중상이나 선림원지 석탑 기단부의 8부중상 등 통일신라시대의 8부중들은 대개 천, 야차에서 시작하여 용으로 끝나고 있어서 「관불삼매해경」의 8부중 형상을 따르고 있다고 생각된다. 8부중의 이름과 모습은 다음과 같다.

거돈사 원공국사 승묘탑 8부중상 8각 원당형 부도의 중대석 8면에 조각되어 있는 8부중상이다. 무기를 들고 갑옷과 투구를 쓴 무장형의 형태인데 8상 모두 교각상(交脚像)의 모습이어서 주목된다. 조각은 섬세하지만 평면화되고 얼굴에서 지방색이 두드러지는 등 고려시대 조각 양식의 일면을 잘 보여 주는 작품이다. 강원도 원주 거돈사지에 있던 것을 현재 위치로 옮겨 놓았다. 서울 경복궁 소재. 1025년. 보물 190호.

천(天, Deva)

제바(提婆)라고도 한다. 6도 10계(六道十界)의 하나로 천상 혹은 천계를 의미하는데, 불교에서는 세계의 중심에 있는 수미산 위의 27천 혹은 그곳에 거주하는 여러 신들을 통칭하는 용어로 사용되고 있다. 따라서 8부중의 천은 어떠한 특정한 신을 지칭하는 것이 아니고, 천부중(天部衆)의 총칭이라고 할 수 있다. 이들 여러 천은 인도 브라만교의 신들이었으나 불교에 들어와 불법을 수호하는 호법신이 되었다. 따라서 본래가 불교의 신이 아니고 외도의 신들이기 때문에 불교에서는 불보살보다 한 계급 낮은 지위에 머물며, 불법을 수호하는 역할을 맡고 있다.

흔히 중생이 윤회하는 좋지 않은 삶을 5악도(五惡道) 혹은 6악도(六惡道)라고 부르는데, 그 가운데 지옥이 가장 나쁜 곳이라면 가장 좋은 곳은 천이다. 「정법염처경」에서는 "모든 즐거움이 있기 때문에 천이라 한다"라고 하였고, 「대비파사론」에서는 "그 삶의 길이 최승

(最勝), 최락(最樂), 최선(最善), 최묘(最妙)이기 때문에 천이라 한다"라고 하였다. 이 밖에도 천은 선행(善行), 성도(聖道), 상도(上道) 등으로도 풀이되는데, 그것은 선한 행위를 한 사람이 죽어서 태어나는 곳이 바로 천상이기 때문이다.

이상과 같은 의미에서 볼 때 천이란 최상의 장소를 의미하는 동시에 그곳에 머무르는 중생 또는 그곳에 거주하는 여러 신을 뜻한다고 볼 수 있다. 이러한 추상적 개념을 가진 천이기 때문에 그것을 어떤 형상으로 나타내기는 매우 힘든 일이다. 보통 조각상으로서 8부중의 하나로 표현될 때는 오른손에 금강저를 쥐고 왼손은 허리에 대고 머리에 보관을 쓴 모습(숭복사지 동 3층석탑), 오른손에 칼을 든 모습(석굴암, 선림원지 석탑) 등으로 나타난다.

용(龍, Nāga)

나가(那伽)라고 음역된다. 인도 신화에서 뱀을 신격화한 동물로서 인면사미(人面蛇尾)의 신이다. 용에 대한 신앙은 아리아족의 침입 이전 고대 인도의 나가족 사이에서 행해지고 있던 뱀 숭배에서 기원하는데, 나가족이 불교에 귀의하였기 때문에 용(나가)이 신앙의 대상으로 흡수되었을 것으로 추측된다. 용은 큰 바다에 살면서 구름을 불러 비를 내리는 마력을 갖고 있다고 믿어졌으며, 경전에는 용에 대한 설화가 많이 실려 있다. 부처님 탄생 때에 두 용왕이 하늘에서 청정수를 토해 태자를 씻긴 것이라든지, 석가모니의 성도(成道) 때 용왕이 석존을 감싸 7일 동안의 홍수에서 보호했다는 것, 석가모니가 니련선하(尼連禪河)에 사는 맹룡(盲龍)의 눈을 뜨게 한 것, 우루빈나 가섭에게 법을 설할 때 독룡(毒龍)을 항복시킨 것 등이 불전에 보인다. 또 「법화경」에는 8대 용왕이 석존의 설법을 듣는 이야기와 여덟 살의 용녀가 성불한 이야기 등이 실려 있다.

용왕에도 여러 종류가 있으나 특히 불법을 수호하는 8대 용왕들은 석존이 「법화경」을 설할 때의 회중으로 열거되어 있는데, 그 이름과 성격은 표1과 같다.

표1. 8부중의 이름과 성격

	이름		성격
1	난다용왕 (難陀龍王)	Nanda	호법 용신의 대표
2	바난다용왕 (跋難陀龍王)	Upananda	난다의 형제로서 "청우경만다라(請雨 經曼茶羅)"에서 2용왕의 중심
3	사가라용왕 (沙竭羅龍王)	Sāgara	청우법의 본존으로 천수관음 28부중의 하나. 「법화경」 '제파달다품'의 용녀 성불은 이 용왕의 딸임.
4	바수키용왕 (和脩吉龍王)	Vāsuki	9두용(九頭龍)
5	탁사가용왕 (德叉迦龍王)	Takṣaka	바수키와 동료로서 노하여 응시하면 짐승과 사람이 명을 다함.
6	아나바달다용왕 (阿那婆達多龍王)	Anavatapta	설산 위에 살며 가장 덕이 높음.
7	마나사용왕 (摩那斯龍王)	Manasvin	대신(大身), 대력(大力), 대의(大意)라 는 뜻
8	우파라용왕 (憂鉢羅龍王)	Utpalaka	청련지(靑蓮池)에 산다.

8부중의 하나로 들고 있는 용은 표1과 같은 용왕의 총칭으로서 그 내용은 실로 복잡한데, 인도의 불전에 보이는 나가는 신격화된 뱀을 말한다. 탑의 부조 등에 보이는 것도 목이 부푼 뱀으로 표현되고 있다. 결국 용이란 뱀으로 생각되는데, 이것이 중국으로 전해져서 한역되는 과정에서 용으로 바뀌었다고 추측된다. 곧 인도에서의 나가에 가장 가까운 성격의 것으로서 중국에서 널리 신앙되던 용을 해당시킨 것으로 보인다. 결국 인도의 나가 신앙과 중국의 용 신앙이 혼합되어 중국에서 불교의 용의 이미지를 나타내었다고 볼 수 있다.

용의 형상으로는 인도의 고대 탑에 용왕을 소재로 한 부조가 많이 남아 있는데, 대부분 사람 몸에 뱀 모양의 관을 쓴 모습이다. 그 이후에 표현되는 용왕의 형상도 이와 비슷한 인신사미로서 보통 머리 위에 세 개에서 아홉 개의 용두(龍頭)가 있다. 「불모공작명왕경」에는 1수 2두 또는 다두(多頭)의 용왕이 있고, 또 무족(無足), 2족, 3족, 다족의 용왕이 있다고 언급되어 있을 뿐 구체적인 형상에 대해서는 더 설명이 없다. 중국, 일본, 우리나라의 불교 미술에 등장하는 용왕은 인도 나가의 형상은 없고, 용 모습을 한 것이 일반적이다. 경주 석굴암이나 숭복사지 석탑의 경우, 용은 사람의 몸으로 머리에 용 모양의 관을 쓰고 왼손은 용의 꼬리 부분을, 오른손은 여의주를 잡고 있다. 한편 선림원지 석탑에서는 머리에는 용 모양의 관을 쓰고, 오른손에는 칼을 쥔 모습으로 표현되어 있다.

야차(夜叉, Yakṣa)

약차(藥叉), 열차(悅叉)라고도 한다. 능감귀(能瞰鬼), 첩질귀(捷疾鬼), 경첩(輕捷), 용건(勇健), 포악(暴惡) 등으로 한역된다. 인도 신화 시대에는 북방 산악 지대에 사는 쿠베라신(Kubera, 財寶神)의 권속으로서 사람을 잡아먹는 포악한 귀신이었지만, 불교에 들어

국립중앙박물관 정원 8부중상 통일신라시대의 8부중상으로, 그 형태로 보아 석탑의
기단부를 조성했던 석재로 생각된다. 통일신라.

와서는 8부중의 하나가 되어 나찰 등과 함께 북방 비사문천의 권속
이 되었다. 야차 역시 다른 8부중들처럼 특정한 고유 명사는 아니
고, 비사문천의 권속인 귀신을 총칭하는 말이다. 불법 수호를 목적으
로 하고 있으나, 북방의 수호 또는 재보를 지키는 성격도 아울러
갖고 있다.

인도에서의 야차상은 불상이 출현하기 이전 마우리아 왕조 때부
터 만들어져 현재 탑문의 부조 등에 많은 예가 남아 있다. 상반신은
나체형으로 가슴과 허리에 띠를 매고 얇은 치마로 하반신을 감싸고
있으며 손은 합장하고 있다. 또 야차상의 여성상인 약시상은 풍만한
가슴과 허리를 노출시키고 각종의 다양한 장신구로 몸을 장식하
고, 한 손을 들어 과일 나뭇가지를 잡은 모습으로 표현되는 것이
일반적이다. 원래는 인도 민간 신앙의 신이었던 야차가 탑을 보호하
는 수호신으로서 적극적으로 불교에 들어왔다고 생각된다.

불교 경전에 기록된 야차의 형상은 "여러 야차, 나찰귀들이 있어 각종 형상을 띠고 있다. 즉 사자, 코끼리, 호랑이, 사슴, 말, 소, 낙타, 양 등의 모습이거나 큰 머리에 몸이 마르고 작거나 1두 2면 또는 3면, 4면이다. 때로는 거친 사자의 털과 같다. 3두, 혹은 송곳니가 거친 입술 사이로 내려오는 등 이상한 형태로 세상에 두려움을 준다. 방패와 창, 삼지창과 검을 잡고 때로는 철퇴, 칼, 막대를 잡고 소리를 지르며 크게 울부짖어 공포감을 주며 힘으로 땅을 움직이기도 한다"(「天吉義神呪經」)라는 등 각종 변화가 풍부한 모습인데, 어느 것이나 두려움을 주는 모습으로 인도에서의 약시상과는 그 모습이 다르다.

중국의 돈황 벽화에서는 서위 시대의 제249굴과 288굴에 나형으로 수두 인신(獸頭人身)과 비만 단구(肥滿短軀)의 야차가 묘사되었으며, 북주 시대의 제290굴과 428굴에는 비만 단구로 악기를 잡은

국립중앙박물관 정원 8부중상(아수라상) 통일신라시대의 8부중들은 대개 천에서 시작하여 용으로 끝나고 있어 「관불삼매해경」의 8부중을 도상화한 것으로 생각된다.

것, 나형으로 탑을 받쳐 든 4구의 야차가 각기 그려져 있어 변화가 풍부한 모습을 나타낸다. 우리나라의 부조상에서는 보통 양손을 가슴에 대고 새의 부리에 보관을 쓴 형태(숭복사지 3층석탑), 머리 위에 불꽃무늬, 입에 염주를 문 모습(석굴암 8부중상), 머리 위에 물고기를 얹은 모습(선림원지 석탑) 등으로 나타난다.

아수라(阿修羅, Asura)

아소라(阿素羅), 아소락(阿素洛), 아수륜(阿須倫)으로 음사되며 비천(非天), 부단정(不端正), 무주(無酒), 비동류(非同類) 등으로 한역된다. 인도 브라만교의 고대 문헌인 리그베다 초기에는 아수라는 절대령, 생명 있는 자 등을 의미하고, 고대 페르시아의 최고신으로 빛의 신인 아후라 마즈다(Ahura Mazda)와 어원이 같으므로 인도에서는 선신이었다고 생각된다. 이것이 시대의 변천과 사상의 변화에 따라 '비(非, A) 천(天, Sura)' 곧 '신이 아니다'라는 해석이 생겨나 차츰 악신(惡神)으로서 취급되었던 것 같다. 그리고 불교에 들어와서는 8부중의 하나가 되어 6도 가운데 아수라도의 주인공이 되었다. 다른 8부중과 같이 아수라도 단독의 고유 명사는 아니고, 4대 아수라를 비롯한 수라 세계의 많은 귀신의 총칭이다.

아수라는 8부중의 하나로서 불법 수호의 역할을 맡고 있다. 수라장(修羅場), 수라의 전(戰), 수라의 형상이라는 말에서도 연상할 수 있듯이 어딘가 악신적인 성격을 띠고 있는데, 단독존으로 신앙되는 것은 거의 없고 부처를 호위하는 호법 신중의 하나로 나타난다.

아수라의 형상에 대해서는 여러 가지 설이 있으나 일반적으로 3면 6비(三面六臂, 선림원지 3층석탑) 또는 3면 8비(석굴암 8부중상)로 손에는 칼, 해, 달, 금강저, 노끈 등의 지물을 들고 있다. 경전에는 "3면으로 청흑색, 분노의 나형상, 6비 2족, 좌우의 제1수는 해, 제3수는 도장(刀杖)을 잡고 오른쪽의 제2수는 달, 제3수는 일

진전사지 3층석탑 8부중상　3층석탑의 상층 기단의 각 면을 탱주로 양분한 뒤 8부중을 배치하였다. 8구 모두 좌상으로서, 단정한 신체 비례, 강한 부조의 조각 수법, 유려한 옷자락의 표현 등 우수한 솜씨를 보여 준다. 강원도 양양군 강현면 둔전리 소재. 통일신라. 국보 122호.

(鍑)을 잡고 있다"(「觀音經義疏」「補陀落海會軌」)라고 기록되어 있다. 1면 2비, 1면 4비, 3면 4비, 5면 6비 등의 예도 있다. 중국에서의 아수라상은 돈황의 벽화(제72, 101, 107, 149굴) 가운데 남북조부터 5대에 이르는 동안 제작된 예가 남아 있고, 운강 석굴 제10동 북벽에도 3면 6비와 5면 6비의 아수라 부조가 둘 있다. 이처럼 아수라는 다른 8부중상들과는 달리 팔이 여럿 달린 형태로 표현되기 때문에 8부중 가운데서 쉽게 구별된다.

간달바(乾闥婆, Gandharva)

건달바(犍達婆), 건달박(犍達縛)으로 음사되며, 식향(食香), 심향행(尋香行) 등으로 한역된다. 8부중의 하나로서 불설법회에 나타나 긴나라와 함께 제석천의 음악을 담당하는 신인데, 고기와 술을 먹지 않고 향을 찾아 먹기 때문에 심향행이라고 불린다. 인도의 고대 신화에 의하면 간달바는 성좌를 조종하던 신이라고 한다.

간달바의 조상(造像) 예는 중국의 돈황, 맥적산 석굴과 툼쑥, 키질, 소르축 등에 있는데 모두 사자관(獅子冠)을 쓰고 있다. 우리나라의 조상 예로는 석굴암 8부중상의 부조를 비롯하여 경주 남산 동, 서 3층석탑, 국립중앙박물관 소장 8부중 석재와 국립경주박물관 소장 8부중상이 있는데 모두 사자관을 쓰고 있다. 계유명(癸酉銘)의 명문이 있는 고려시대 청동 8부중상도 사자관을 쓰고 있어 간달바로 추정되고 있다.

긴나라(緊那羅, Kimnara)

긴나라(緊捺羅), 진다라(眞陀羅)라고 음역되며, 인비인(人非人), 의신(疑神), 가신(歌神), 악신(樂神)으로 한역된다. 인도 신화에서 긴나라는 설산에 살며 미묘한 음성으로 노래하고 춤추며, 여러 천, 보살과 일체의 중생을 감동시키는 음악신으로 설명되고 있어, 아름다운 음성을 가진 새를 신격화한 인수 조신(人首鳥身)의 모습이었다고 생각된다. 긴나라는 'Kim'(의문을 나타내는 말)과 'nara'(사람)가 합해진 말로 '인비인'(사람과 유사하면서도 사람이 아닌 것)이라고 한역된다. 불교에 들어와서는 제석천 또는 비사문천의 악사로서 간달바와 함께 가무 음악을 연주하는 역할을 맡고 있다.

긴나라의 형상에 대해서는 "머리는 마두(馬頭)로 되어 있다"(「玄應音義」), "남자는 마수 인신(馬首人身)으로서 노래를 잘 하고, 여자는 단정하여 춤을 잘 춘다"(「慧琳音義」)라고 하여 마두 인신으로 발(鈸)과 고(鼓)를 두드리는 모습으로 묘사되고 있다. 또 "이 신의 형상은 사람에 가까우며 머리에 뿔이 하나 있다"(「혜림

경주박물관 8부중상 국립경주박
물관 전시실 앞 정원에 있는
8부중이 조각된 석재들로, 안상
안에 각 존상을 배치하였다.
통일신라시대의 작품으로 추정
된다.(왼쪽, 아래 왼쪽, 오른쪽)

음의」)라고 하였듯이 때로는 세 눈에 뿔이 하나 있는 모습으로 나타
나기도 한다. 숭복사지 동 3층석탑에서는 양손을 합장하고 머리
좌우에 소와 새가 표현된 모습이며, 석굴암에는 왼손에 창, 오른손에
지물을 든 모습으로 나타나고 있다. 또 선림원지 3층석탑과 같이
머리에 새, 소머리 등을 표현한 경우도 있다.

가루라(迦樓羅, Garuḍa)

가유라(迦留羅), 아로라(誐嚕拏)라고 음사되며 금시조(金翅鳥),
묘시조(妙翅鳥), 식토비고성(食吐悲苦聲) 등으로 한역된다. 인도
신화에 나오는 공상의 새 금시조에서 발전된 8부중의 하나인데,
새 중의 왕이며 용을 잡아먹고 산다고 한다. 인도 신화에 의하면,

가루라는 가섭파선(迦葉波仙)과 비나타(Vinata) 사이에서 생긴 아들인데, 어머니인 비나타가 용의 어머니인 카드루와 사이가 나빴기 때문에 가루라는 용의 적이 되었다고 한다. 용을 주식으로 하며 봉황과 같이 아름답고, 날개를 펼치면 336만리나 된다고 하여 뱀을 잡아먹는 독수리 같은 맹수로 신화화된 것 같다. 불교에 들어와서는 대승 경전 가운데 8부중의 하나로 천, 용, 아수라 등과 함께 설법의 자리에 참석하는 호법중으로 나타나고 있다.

가루라의 형상에 관해서는 "머리에 화관을 쓰고 있으며, 얼굴은 천신(天神)과 같고 입은 독수리의 부리와 유사하며, 오른손에는 9두 4족, 왼손에는 3두 4족의 용을 잡고 결가부좌하고 있다"(「止風雨陀羅尼經」), "가릉빈가의 모습과 같고 부리가 있어 횡으로 삼고저(三鈷杵)를 머금고 좌우 손에 뱀을 잡고 양다리로도 뱀을 밟고 있다"(「阿娑縛抄」)라고 하였듯이, 조상으로 나타날 때도 보통 머리에는 뱀 모양의 관을 쓰고 한 손에는 뱀꼬리, 한 손에는 칼을 든 모습으로 표현된다. 가루라 역시 단독상으로 만들어진 예는 거의 보이지 않는다.

마후라가(摩睺羅伽, Mahoraga)

마호락가(摩呼洛伽), 마호라아(摩護囉誐)라고 음역되며, 대복흉행(大腹胸行), 대망(大蟒), 대망신(大蟒神)으로 한역된다. 큰 배와 가슴으로 기어간다고 하여 대망신이라고 부르며, 뱀을 신격화한 것으로 생각된다. 불교에서는 8부중의 하나로 긴나라와 함께 악천(樂天)을 대동한 음악신으로서 제석천을 따르고 있다. 마후라가 역시 다른 8부중과 같이 단독존의 고유 명사는 아니고, 무수한 마후라가를 일컫는 말이다. 마후라가의 형상은 "악신의 부류로 비인(非人), 또는 대망신이라고도 한다. 그 형은 인신(人身)에 사수(蛇首)이다"(「혜림음의」)라고 기록되어 있듯이 보통 인신 사수로 나타난다. 조각상일

예천 개심사지 석탑 8부중상 1010년에 조성된 작품이다. 1층 탑신에는 인왕상을 배치하고 상층 기단 면석에는 8부중상, 하층 기단에는 12지상을 조각하였다. 8부중 각각의 명칭은 확인할 수 없지만 대부분 지물을 들고 있다. 경북 예천군 예천읍 동본동 소재. 보물 53호.(위, 왼쪽)

경우에는 왼손으로 뱀을 잡고 오른손은 앞가슴에 대고 머리에는 뱀이 있는 관을 쓴 모습으로 표현된다.

12신장(十二神將)

12야차대장(十二夜叉大將), 12신왕(十二神王) 등으로도 불리우며, 약사불(藥師佛)의 12대원(十二大願)에 의하여 그를 수호하고 실현시키고자 하는 신장이다 약사 12신장이 약사여래와 함께 나타나는 것은 「약사경」에 의한 것으로, 석존이 약사여래의 본원 공덕에 대하여 설명할 때 그 모임에 12야차대장이 있어 석존의 말에 크게 감명을 받아 12대원을 행할 것을 석존에게 서원했다고 하는 데서 유래한다.

「약사유리광왕7불본원공덕경염송의궤」에 의한 12신장의 이름과 지물은 표2와 같다.

표2. 12신장의 이름과 지물

		이름		지물	간지	형상
1	굼비라	宮毘羅, 金毘羅	Kumbhira	방망이	寅	호랑이 머리에 사람 몸 (虎頭人身)
2	바지라	跋折羅, 伐折羅	Vajra	칼	卯	토끼 머리에 사람 몸 (兎頭人身)
3	미히라	迷企羅, 彌佉羅	Mihira	방망이	辰	용머리에 사람 몸 (龍頭人身)
4	안디라	安底羅, 安陀羅	Aṇḍira	쇠망치	巳	뱀 머리에 사람 몸 (蛇頭人身)
5	마니라	摩尼羅, 頞儞羅	Majira	깍지	午	말 머리에 사람 몸 (馬頭人身)
6	산디라	珊底羅, 素藍羅	Śaṇḍira	칼	未	양 머리에 사람 몸 (羊頭人身)
7	인디라	因陀羅	Indra	몽둥이	申	원숭이 머리에 사람 몸 (猴頭人身)
8	파치라	波夷羅, 婆耶羅	Pajra	쇠망치	酉	닭 머리에 사람 몸 (鷄頭人身)
9	마구라	摩虎羅, 摩休羅	Makura	도끼	戌	개 머리에 사람 몸 (犬頭人身)
10	신두라	眞達羅, 眞特羅	Sindūra	쇠사슬	亥	돼지 머리에 사람 몸 (猪頭人身)
11	카두라	招住羅, 昭頭羅	Catura	쇠망치	子	쥐 머리에 사람 몸 (鼠頭人身)
12	비가라	毘羯羅, 毘伽羅	Vikarāla	보륜	丑	소 머리에 사람 몸 (牛頭人身)

그런데 우리나라의 경우 12신장상은 약사여래의 권속으로서 약사 64, 65쪽 사진 여래도에 호법신으로 표현되는 것이 일반적이지만, 방위와 시간을 나타내는 신으로서 12지신(十二支神)과 관련을 갖고 석탑에 부조되 기도 한다. 곧 12지신상 가운데서도 특히 탑 등에 나타나는 12지는 약사여래 12신장과 관련된 것으로 갑옷이나 평복을 입고 무기를 잡은 모습으로 표현된다. 이러한 예는 중국에서도 볼 수 있는데 642년에 개착된 돈황 220굴의 '약사정토변상도'에 12신장의 머리에 각각 12지를 배치한 것이 있다. 이와 같은 의미에서 볼 때 원원사지 동, 서 3층석탑의 기단부 상대 중석에 새겨진 12지상이나 화엄사 서 5층석탑, 화천동 3층석탑, 임하동 3층석탑 등의 기단부 하대 중석에 새겨진 12지상은 모두 약사 12신장을 도상화한 것으로 생각 된다.

경주박물관 12지상 석재(말) 월성 하구리 절터에서 출토된 12지상으로, 탑신 기단부에 배치되었던 12 지상 가운데 하나이다. 수수인신(獸首人身)으로 평복에 무기를 들고 있는데 9,10세기경의 작품으로 추정된다.

예천 개심사지 석탑 12지신상 여기에서는 12상 모두 안상 안에 표현되었는데, 평복에 좌상으로 고요하고 정제된 분위기를 보여 준다.

예천 개심사지 석탑 12지신상 석탑의 하층 기단에 조각되었다. 보통 석탑에 표현되는 12지상은 약사 12지상이 도상화된 것으로 생각된다.

직지사 약사불화 12신장 약사 12신장은 약사불의 12대원에 의하여 그를 수호하고 실현시키고자 하는 신장이다. 불화에 표현될 때는 약사불의 양쪽에 6명씩 모두 무기를 들고 무장한 모습으로 묘사된다. 경북 금릉군 대항면 소재. 1744년. 보물 670호.

통도사 약사불화 약사 12신장의 이름과 지물 등에 대해서는 「약사유리광왕 7불본원
공덕경염송의궤」에서 언급하고 있지만, 도상으로 표현될 때는 모습이 거의 비슷해
구별하기 어렵다. 1755년.

우리나라의 신장상

    신장은 불교 미술의 거의 모든 분야에 걸쳐 표현되는데, 앞에서도 말했듯이 신중 탱화를 제외하고는 대부분 독립된 예배 대상이라기보다는 주로 수호 신장, 호법 신장으로서 미술품에 장식되는 경우가 많다. 이것은 신장이 가지고 있는 특성인 불법을 수호하고 가람을 수호하는 신이라는 점에 착안한 것으로 생각된다.

불탑(佛塔)의 신장상

    불탑에는 일찍이 탑을 장식하는 부조상이 등장하기 시작하여 인왕을 비롯한 사천왕, 8부중, 12신장 등 다양한 신장상들이 부조되었다. 682년에 조성된 분황사 석탑의 4면에 각면 2구씩 모두 8구의 인왕상이 배치된 것을 비롯하여, 8세기 이후 신라 석탑에는 기단부로부터 탑신에 이르기까지 많은 부조상들이 장엄되고 있다. 이들 신장상은 각각 독립된 형태로 표현되기도 하지만, 때로는 탑 하나에 모두 함께 나타나기도 하는 등 부조상의 형태는 매우 다양하다.

더구나 탑은 사리를 봉안한 예배물이므로 신장상은 사리를 수호하는 호법신으로서 탑 표면에 조각되고 있다.

우리나라의 탑은 기단에서부터 위로 올라갈수록 체감하는 양상을 띠고 있기 때문에 탑 부조상의 경우 대개 하층 기단은 각면을 2개의 탱주(撑柱)로 한 면이 세 구역이 되도록 구분한 뒤 모두 4면 12구역에 각각 12지상을 배치한다. 상층 기단은 하나의 탱주로 구분하여 8부중을, 그리고 1층 탑신 4면에는 사천왕 또는 인왕상을 배치하는 것이 일반적이다. 탑 부조상은 대개 7세기경부터 나타나기 시작하여 통일신라시대에 가장 유행했지만 고려시대 이후가 되면 이형 석탑(異型石塔)이 많이 나타나고 6각 내지 8각 등 다각탑(多角塔)이 많아지면서, 신장상에 의한 탑 장엄은 현격히 줄어들게 된다.

인왕상

탑 부조상으로서 가장 먼저 나타난 신장이다. 삼국시대에는 전탑(塼塔)의 문비(門扉)에 역사상이 부조로 배치되다가 통일신라시대에는 석탑 표면의 장식으로 많이 나타난다. 탑 부조 인왕상 가운데 가장 이른 시기의 작품으로는 경주 분황사 석탑의 인왕상을 들 수 있다. 분황사 석탑은 돌을 벽돌 모양으로 잘라 쌓은 일종의 모전 석탑(模塼石塔)으로 선덕여왕 3년에 완공되었다. 이 탑은 사방에 완전한 감실(龕室)을 내고 석문까지 달았으며, 각 문의 좌우에는 탑 문을 지키는 수호신으로서 1쌍의 인왕상을 원각에 가까울 정도로 조각하여 배치하였다. 한 면에 2구씩 배치된 8구의 인왕상은 약간은 과장된 삼국시대 조각 양식이 남아 있지만 양감 있는 얼굴, 울퉁불퉁한 신체 표현 등에서 인왕의 역강한 힘이 엿보인다. 또 문 옆에 서서 주먹을 꽉 쥐고 위에서 내리치려는 모습은 탑의 사리를 수호하는 신장상으로서의 인왕의 역할을 효과적으로 잘 나타내고 있다.

68쪽 사진

분황사 석탑 인왕상 우리나라에서 가장
이른 시기의 인왕상으로, 선덕여왕
3년(634)에 조성되었다. 1층 탑신에
문을 내고 1면에 2구씩 모두 8구의
인왕상을 문 옆에 배치하였다. 삼국시
대 인왕상의 고졸한 양식을 잘 보여
준다. 경북 경주시 인왕동 소재. 634
년. 국보 30호.

이 상을 시작으로 하여 통일신라시대에는 더욱 많은 석탑의 표면
에 인왕상이 부조되어 현재 약 10여 점의 예가 남아 있다. 탑 부조
상의 경우 4면에 4쌍이 새겨진 것(장항사지 남, 북 5층석탑, 국립경
주박물관 소장 석탑재, 울주 간월사지 석탑 등), 1면에 1쌍만이
새겨진 것(안동 조탑동 전탑, 傳 법림사지 전탑, 경주 서악 석탑),
1면에 1쌍이 새겨지고 나머지 3면에는 다른 상이 새겨진 것(화엄사
3층석탑, 중흥사 3층석탑) 등의 형식이 있으나, 현존하는 예로 볼
때 4면에 각각 1쌍씩 8구의 인왕을 새긴 형식이 가장 애용되었음을
알 수 있다.

25쪽 사진

사천왕상

8세기 이후 석탑의 표면 장엄으로 많이 나타난다. 사천왕상의
경우는 특히 방형 평면을 기본으로 하는 우리나라의 석탑 표면 장식
으로 가장 적당하다. 또 사천왕이 동서남북 사방을 수호하는 호법
신장이라는 점에서 탑 부조상으로 널리 사용되었던 것 같다.

비교적 이른 시기의 작품으로는 화엄사 4사석탑(華嚴寺四獅石 70, 71쪽 사진
塔)의 1층 탑신에 새겨진 사천왕상 부조를 들 수 있다. 이 탑은 4
사자가 받치고 있는 특이한 형태의 석탑으로 1층 탑신 동면에는
범천과 제석, 서면에는 인왕상, 남면에는 지국천과 광목천, 북면에는
증장천과 다문천을 각각 부조하였다. 이 상들은 우아하고 단정한
형태라든가 부드러운 선묘, 신체의 유연한 굴곡, 갸름한 얼굴의 우아
한 처리 등에서 8세기 중엽의 조각 양식을 잘 반영하고 있다.

이와 유사한 양식을 보여 주는 것이 경주 원원사 동, 서 3층석탑
의 사천왕상이다. 이 상들은 유난히 고부조로 처리되어 힘이 넘치는
조각 양식을 보여 주고 있지만, 석굴암 사천왕상보다는 좀더 부드럽
고 단순하게 처리되었다. 또 국립경주박물관 소장 석탑의 탑신에
부조된 사천왕상 또한 과장적인 흉갑(胸甲), 잘록한 허리, 과장된
자세, 둥그런 얼굴 등에서 8세기 조각 양식의 경향을 충실히 따르고
있는 것을 볼 수 있다.

탑 부조 사천왕상들은 8세기까지는 인왕상과 비슷한 비율로 새겨
지고 있지만, 9세기부터는 그 제작이 더욱 많아진다. 특히 9세기
이후에는 불탑보다는 승탑(僧塔, 부도)에 많이 나타나는 것이 특징
이다. 또 사천왕상들은 거의 예외없이 칼이나 창, 금강저, 막대 등
무기를 들고 있다. 곧 동방천은 칼, 남방천은 금강저나 칼, 서방천은
금강저를 드는 것이 일반적이나 북방천만은 거의 대부분 탑을 받쳐
들고 있다. 그러나 화엄사 4사석탑의 지국천왕처럼 권법을 취하고
있는 경우도 있다. 또한 사천왕상이 새겨지는 곳은 1층 탑신(화엄사
4사석탑, 원원사 동 서 3층석탑, 화엄사 서 5층석탑, 영양 현일동
석탑, 영양 화천동 석탑)이나 상층 기단 면석(중흥산성 3층석탑,
예천 동본동 석탑, 의성 관덕동 석탑)이 대부분이다. 승소곡사지 72, 73쪽 사진
3층석탑이나 언양 대곡리사지 석탑처럼 안상(眼象) 안에 사천왕상
을 배치한 예도 있다.

화엄사 서 5층석탑 통일신라시대의 5층석탑으로 상층 기단에는 8부중, 1층 탑신에는 사천왕상을 조각하였다. 전남 구례군 마산면 황전리 소재. 통일신라. 국보 35호.

화엄사 서 5층석탑 사천왕, 8부중 고부조로 강한 양감을 나타낸 이 상은 유려한 조각
선이 상을 더욱 돋보이게 하고 있다.

승소곡사지 3층석탑 사천왕상 1층 탑신 4면에 안상을 조각하고 그 안에 사천왕상을 각각 배치하였다. 불필요한 조각선이 극도로 제한되어 단아하고 단정한 모습을 보여 준다. 국립경주박물관 소장. 통일신라.(왼쪽, 오른쪽)

8부중상

인왕상, 사천왕과 더불어 탑 부조상으로 자주 애용되고 있는 상으로, 방형을 기본으로 하는 석탑의 구조와 외호 신장으로서의 성격이 서로 일치되어 8세기 이후 석탑 표면의 장엄으로 많이 등장하고 있다. 석탑 표면에 8부중을 배치할 때에는 한 면에 2구씩 배열하는 게 보통이지만 인왕이나 사천왕과는 달리 8부중은 배치 형식이 일정하지 않아 각 존상의 이름을 알아내는 데에 어려움이 많다. 또한 동서남북에 각각 어떠한 존상이 배치되는 가는 일정치 않지만, 선림원지 석탑의 경우 천과 야차(東), 간달바와 아수라(南), 가루라와 긴나라(西), 마후라가와 용(北)이 쌍을 이룬다. 숭복사지 동 석탑은 가루라와 간달바(東), 긴나라와 아수라(南), 마후라가와 천(西), 용과 야차(北)가 쌍을 이루며 표현되고 있다.

76, 77, 78, 79쪽 사진

한 석탑에 같이 장엄되기도 하는 인왕이나 사천왕과는 달리 8부중은 독립적으로 나타나는 경우가 많다(경주 남산리 서 3층석탑, 산청 범학리 3층석탑, 운문사 동, 서 3층석탑, 경주 창림사지 3층석탑, 선림원지 3층석탑, 금둔사지 석탑, 영천 신월동 3층석탑). 또 대개 상층 기단을 탱주로 구분하여 한 면에 2구씩 배치하지만, 대흥사 석탑재와 같이 초층 탑신에 8부중을 배열한 예도 있다.

이 밖에도 탑에는 12지가 배치되는 경우가 종종 있다. 탑에 부조되는 12지상은 약사 12신장과 관련을 갖고 있다고 말하는데, 대개가 탑 기단부 한 면에 3구씩 방위에 따라 배치된다. 이 경우 북쪽에는 자—축—인, 동쪽에는 묘—진—사, 남쪽에는 오—미—신, 서쪽에는 유—술—해가 배치되는 것이 일반적이다. 현존하는 예로는 통일신라시대의 원원사지 동, 서 3층석탑과 화엄사 서 5층석탑, 화천동 3층석탑, 임하동 3층석탑과 고려시대의 개심사지 5층석탑 등을 들 수 있다. 이 경우에는 대부분 수수 인신(獸首人身)에 무기를 들지 않은 평복 차림으로 표현되는 것이 특징이다.

이상에서 살펴본 상들과는 달리 현재 탑 자체에 부조되어 있는 것은 아니지만 탑에 장식되었던 신장상들이 있는데, 바로 사천왕사와 석장사에서 발견된 탑전(塔塼) 신장상들이다.

양지 스님의 작품으로 추정되는 사천왕사 출토 신장상들은 현재 30, 31쪽 사진 국립중앙박물관과 국립경주박물관에 6점 정도가 소장되어 있다. 앞에서도 말했듯이 사천왕사는 670년경 당나라 군사를 물리치고자 세운 사찰로 지금은 폐사되어 탑지와 당간 지주만이 남아 있을 뿐인데, 탑지 주위에서 신장상이 조각된 벽전(甓塼)들이 발견되었다. 이 전들은 대개 탑의 1층 탑신 또는 기단부에 놓여졌던 것으로 추정된다. 흔히 사천왕상이라고 부르고 있지만 근래에 와서는 8부중이라는 설도 있어 정확한 이름조차 밝혀지지 않고 있다.

이 전의 부조상은 판벽(板壁)의 감실 안에 조각되었는데 얇은 유약(釉藥)을 발라 구운 것으로 초록빛을 띠고 있다. 상들은 일부 파손된 상태여서 자세한 형태는 알 수 없지만, 남아 있는 부분으로 추정해 볼 때 악귀의 등에 앉아 두 발로 악귀를 밟고 있는 신장상을 표현한 것으로 보인다. 몸에는 정교하고 섬세한 갑옷을 걸치고 손은 칼 또는 창을 잡거나 무릎 위에 얹었으며, 전체적으로 사실주의적인 양식을 보여 준다. 특히 국립중앙박물관 소장의 신장상에서 신장 밑에 깔려 있는 악귀의 왕방울 같은 눈이나 커다랗게 찢어진 입에 드러난 이빨, 웃는 듯하면서도 우는 듯한 인상, 공포에 찬 눈, 주름진 얼굴 등은 고통스러워 하는 악귀의 모습을 생생하면서도 사실적으로 표현해 내고 있다. 또 당당하고 세련된 신체, 신체 각부의 정확한 비율과 함께 신장상이 입고 있는 갑옷의 세밀한 묘사와 악귀를 밟고 있는 발과 발목의 불거진 근육 표현, 원각상에 가까운 고부조 등은 거의 완벽에 가까운 인체미를 구현시키고 있어 통일신라시대 사실주의 양식의 선구적인 작품이라고 할 수 있다.

창림사지 3층석탑 8부중상 8부중상 가운데 일부는 국립경주박물관에 보관되어 있다. 통일신라시대 최성기의 조각 양식을 보여 주는 우수한 8부중상으로, 다면 다비(多面多臂)의 아수라상이 분명하게 표현되고 있는 것으로 보아 불타8부중(佛陀八部衆)을 도상화한 것이 틀림없다. 경북 월성군 내남면 탑리 소재. 통일신라.(왼쪽 위, 아래, 오른쪽)

산청 범학리 3층석탑 8부중상 상층 기단 면석에 조각된 8부중상은 교각상에 가까운
자세로 천의를 밟고 앉아 있는데, 직사각형의 면석에 꽉 차게 조각되었다. 보살상과
8부중이 함께 조각된 예로서 주목된다. 1947년 현 위치로 이건하였다. 서울 경복궁
소재. 통일신라.(왼쪽, 오른쪽)

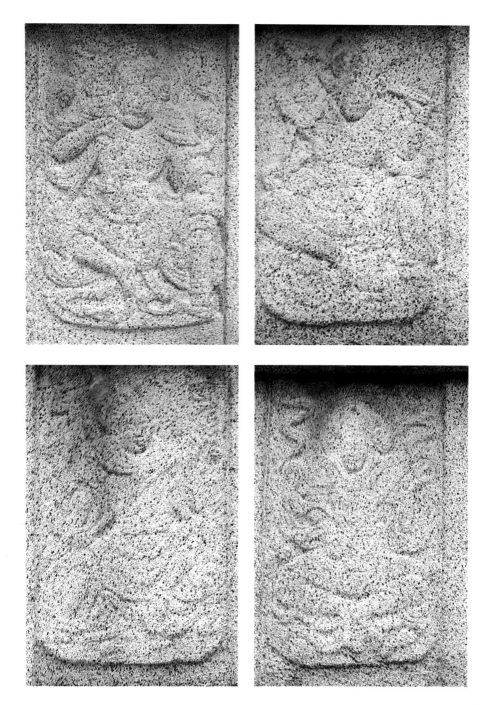

석장사에서도 전탑에 장식되었던 신장상 전이 3점 출토되었는데, 사천왕사 전과 흡사한 것으로서 전탑의 기단을 형성했던 벽전이라고 생각된다. 현재 남아 있는 파편은 얼굴, 배 아래에서 무릎 위까지 일부와 기타 여러 신체의 부분들로, 전체적인 양식은 사천왕사 신장상이나 감은사 사리기 사천왕상과 비슷하나 그보다 좀더 장식적이고 화려한 면을 보여 준다.

부도(浮屠)의 신장상

부도는 승려의 사리를 봉안하는 묘탑(墓塔)이다. 따라서 부처님의 사리를 봉안하는 불탑에 비해서는 중요성이 뒤떨어진다 하더라도, 사리를 수호한다는 의미에서 표면에 많은 장엄이 가해지게 된다. 부도에 나타나는 신장상의 종류 역시 다양하지만 거돈사 원공국사 승묘탑 기단부의 8부중상, 흥령사 부도의 인왕상, 태화사 12지 부도의 12지상 등을 제외하고는 사천왕상이 거의 대부분을 차지하고 있다.

부도의 경우는 모든 조각이 탑신부에 새겨지기 마련인데 8각의 탑신 4면에는 문비형 내지 창호형을 조각하고, 나머지 4면에 교대로 사천왕상을 부조하는 것이 가장 일반적인 형식이다. 이 때 사천왕상의 형식은 탑 부조와 마찬가지로 지국천과 증장천은 칼, 광목천은 칼 또는 금강저, 다문천은 창과 보탑을 들고 있으나, 염거화상탑에서와 같이 증장천이 한 손에 병을 든 경우도 있다.

81쪽 사진 부도 가운데 가장 이른 시기에 조성되었다고 추정되는 염거화상탑(844년)에서부터 부조상이 등장하고 있는 것으로 보아 부도 발생 때부터 표면에 신장상이 장식되었던 것 같다. 현재 가장 많은 예를 남기고 있는 것은 역시 통일신라시대와 고려 초기이며, 석종형(石鐘

염거화상탑 원래 강원도 원성군 흥법사지
에 있던 것을 현 위치로 옮겨 왔다고 하
나 정확한 위치는 알 수 없다. 탑신의
문비 양쪽에 부조된 사천왕상은 유연하
고 팽팽한 8세기 조각 양식을 보여 주면
서도 신체가 좀더 장대해지고 섬약해지
는 등 9세기 조각 양식을 엿볼 수 있다.
국립중앙박물관 소장. 844년, 국보 104호.

形) 부도가 나타나기 시작하는 고려 후기 이후에는 더 이상 신장상
이 표현되지 않고 있다.

　염거화상탑은 원래 강원도 원성군 흥법사지에 있던 것을 현 위치
(국립중앙박물관 정원)로 옮겨 왔다고 하지만, 정확한 위치는 알
수 없다. 탑 안에서 발견된 금동판 탑지에 의해 844년의 작품으로
추정되며, 9세기 신장상의 양식 편년에 중요한 자료로 평가된다.
탑신의 문비 양쪽에 부조된 사천왕상은 통일신라시대의 조각 양식
을 계승하면서도 좀더 장대하고 섬약해지는 경향을 보여 준다. 이
상들은 강한 양각의 부조로, 원형의 두광과 무기, 갑주 등이 매우
사실적으로 표현되었다. 왼쪽으로 몸을 활같이 휘면서 한 손에 칼을
들고 서 있는 지국천왕을 비롯한 4왕의 모습은 유연하고 팽팽한
8세기 조각 양식을 보여 주면서도, 신체가 다소 장대해지고 갑옷
무늬가 더욱 섬세하고 치밀해지는 등 9세기 조각 양식을 엿볼 수
있다.

고달사지 부도 사천왕상 고려 초기의 대표적인 부도 신장상으로, 8각의 탑신에 사천
왕상과 문비, 창 등을 교대로 조각하였다. 사천왕은 약간 측면향으로 유려한 모습이
나 갑옷의 주름이 불규칙하고 과장되는 등 신체에 대한 파악이 부족한 면을 드러내고
있다. 경기도 여주군 북내면 상교리 소재. 고려. 국보 4호.(왼쪽, 오른쪽)

연곡사 북 부도 연곡사 경내의 북쪽 산중턱에 있는 부도로 8각 탑신에 문비, 향로, 사천왕상이 조각되어 있다. 동 부도를 모방하여 만든 것으로 생각되는데, 사천왕상의 조각은 평면화되고 조각선이 느슨해지는 등 고려시대의 양식적 특징을 보여 준다. 전남 구례군 토지면 소재. 고려. 국보 54호.

연곡사 동 부도 8부중상 중대석 각면의 안상 속에 8부중상을 배치하였다. 휘날리는 생동감 있는 천의자락이라든가 창을 들고 내려찌르는 모습 등이 매우 사실적이며 동적인 느낌을 강하게 주는 우수한 조각이다. 통일신라. 국보 53호.

쌍봉사 철감선사탑 사천왕상 우리나라의 가장 우수한 부도 가운데 하나로 평가된다. 탑신에 조각된 사천왕상의 사실적이면서도 섬세한 조각 양식은 통일신라시대의 조각의 우수성을 그대로 반영하고 있다. 전남 화순군 이양면 증리 소재. 통일신라. 국보 57호.

이러한 양식은 쌍봉사 철감선사탑(868년)에서도 나타난다. 곧 장대해진 형태라든가 얼굴의 무표정과 손발에 보이는 섬약한 특징, 양감을 느낄 수 없는 신체, 띠 주름이 표현된 갑옷 등에서 신라 후기 조각의 특징이 그대로 드러나고 있다. 연곡사 부도 사천왕상이 84쪽 사진 나 보림사 보조선사 창성탑 사천왕상(880년), 봉암사 지증대사탑 사천왕상(882년) 등도 철감선사탑의 양식을 따른 작품들이다.

고려시대에도 부도 표면에 사천왕상이 조각된 예가 많지만, 신라 시대보다 부조가 얕아지고 평면화되는 경향이 두드러진다. 대표적인 예로서 갑사 부도를 비롯하여 고달사지 부도, 고달사 원종대사 혜진 82, 83쪽 사진 탑, 보원사 법인국사 보승탑, 거돈사 원공국사 승묘탑, 대안사 광자 대사탑, 보리사 대경대사 현기탑 등을 들 수 있다. 이 가운데 고려 초기의 작품인 고달사지 부도는 탑신부 8면 가운데 4면에는 문비와 창이 모각되었고, 나머지 4면에는 사천왕상을 고부조하였는데, 사천 왕상은 약간 옆을 보면서 유려한 모습을 취하고 있다. 그러나 사천 왕상의 갑옷 주름이 일정한 평행을 이루며 규칙적으로 흘러내리다 가 아래에서 불규칙하고 과장된 주름을 이루는 것 등은 신체에 대한 파악이 부족한 면을 드러내고 있다. 이런 것이 좀더 시대가 떨어지 면 보원사 법인국사탑, 고달사 원종대사 혜진탑의 사천왕상처럼 아주 현실적인 얼굴 모습이라든가 해이하고 섬약해진 조각선, 얕은 부조, 형식화된 천의자락 등으로 변모된다.

부도에는 때로 사천왕상뿐 아니라 인왕, 12지상 등이 장엄되기도 한다. 태화사지 부도는 장방형의 대석에 종형(鐘形) 탑신부를 얹은 간단한 형식의 부도로 탑신 중간 이하의 표면에 12지상이 조각되어 있다. 12지상은 모두 입상으로 오상(午像)을 남쪽 감실 밑에 조각하 고, 자상(子像)을 북쪽에 배치하여 이 2상 사이에 각 5상을 거의 같은 간격으로 조각하였다. 12상 모두 수수 인신(獸首人身)으로 상반신은 나형이며 하반신에는 얇은 옷을 두르고 있는데, 평복으로 무기를 들지 않았다. 다만 3상만 양손에 지물을 들었을 뿐 나머지는 합장하거나 양팔을 굽히고 있는 모습으로 표현되어 있다. 이 부도는 12지가 조각된 유일한 예로 주목되는 작품이다.

또 흥령사지 석조 부도에는 사천왕상과 함께 인왕상이 부조되어 있다. 이 부도는 흥령사 적멸보궁 바로 뒤쪽에 쌓은 축대 위에 봉안 된 전형적인 8각 원당형(八角圓堂型) 부도로, 탑신의 전면 문비 좌우에는 인왕상이, 측면의 좌우 4면에는 사천왕상이 조각되었다. 인왕상은 좌우에서 문비를 향한 자세로 양쪽 상이 모두 오른손을 구부리고 주먹을 불끈 쥐었으며 왼손에는 무기를 들었는데, 두 눈을 부리부리하게 뜨고 있는 모습이라든가, 불룩불룩한 상반신의 근육 표현에서 사실적인 표현이 잘 드러나 있다. 또 사천왕은 뒷면 문비 의 좌우와 그 옆의 양쪽에 배치되었는데, 왼쪽 상은 머리에 삼산형 (三山形) 보관을 쓰고 몸에는 갑주를 두르고 두 발을 벌리고 서 있다. 사천왕상은 조각 수법이 단조로우며 세부는 생략되었고 지국 천은 철퇴, 증장천은 칼과 금강저, 광목천은 나팔 모양의 악기, 다문 천은 보탑을 들고 있다.

석등(石燈)의 신장상

석등은 부처님 앞에 불을 밝히는 기구이다. 지대석 위에 8각의 기대석을 안치하고, 그 위에 간주석(竿柱石)을 세운 후 8각의 화사 석(火舍石)을 두는 것이 보통이다. 화사석의 4면에는 화창(火窓) 을 개설하고, 그 사이 4면에 부조상을 배치하기도 한다. 따라서 조각 이 설치될 수 있는 공간은 4면 정도이기 때문에 여기에 부조상을 둘 경우 이 숫자에 맞추어 사천왕을 배치하는 것이 일반적이다.

현재 석등에 신장상이 부조된 예는 그리 많지 않으나 통일신라시

해인사 석등 석등의 8각 화사석에는 4면에 화창을 개설하고 나머지 4면에는 부조상을 조각하기도 하는데, 4면에 맞추어 사천왕상을 조각, 배치하는 것이 일반적이다. 경남 합천군 가야면 소재.

대에서 고려시대에 걸쳐 우수한 작품들이 남아 있다. 가장 대표적인 것이 법주사 사천왕 석등으로, 이 석등은 전형적인 신라시대의 8각 석등으로 화사석의 전후, 좌우면에 화창을 개설하고, 그 사이사이에 사천왕상을 부조하였다. 조각상들은 상당히 고부조로 처리되었으며, 통일신라시대의 조각 양식을 잘 보여 주고 있다. 또 영암사지 쌍사자 석등은 간주석을 쌍사자로 대치한 특이한 형식의 석등으로 연화 하대석 위에 2마리의 사자가 서로 가슴을 맞대고 앞다리를 위로 향하여 상대석을 받고 있다. 연화문이 유려하게 조각된 상대석 위에는 8각의 화사석을 마련하여 4면에는 화창을 설치하고, 나머지 4면에는 사천왕상을 조각하였다. 현재는 풍화가 심하여 본래의 섬세한 조각 솜씨를 잘 알아낼 수는 없지만, 고부조로 처리된 모습에서 양감 있는 조각 양식을 엿볼 수 있다.

이 밖에 청량사 석등, 옥구 발산리 석등, 합천 백암리 석등 등에도 사천왕상이 부조되어 있다. 합천 백암리 석등의 사천왕상은 보다 선각에 가까운 정제된 조각 양식으로 처리되었으며, 사천왕상이 조각된 면은 길이에 비하여 폭이 좁아서 상 자체가 세장한 느낌을 준다. 그리고 청량사 석등은 전형적인 석등 양식에서 변형, 발전된 것으로 전체적으로 장식성이 풍부한데, 화사석에 조각된 사천왕상은 매우 단아하여 감은사 사리기의 사천왕상의 자세와 상당히 흡사하다. 이 상의 석등보다는 시대가 떨어지는 옥구 발산리 석등은 고려시대의 작품으로, 부등변8각형의 화사석 4면에 타원형의 화창을 개설하고 나머지 4면에 사천왕상을 조각하였다. 사천왕 모두 무기를 들고 악귀를 밟고 있는 모습이 석굴암 사천왕상과 비슷하지만, 그에 비하여 조각 수법이 훨씬 뒤떨어지고 다소 익살스런 모습까지도 엿볼 수 있다. 전체적으로 통일신라시대 조각 양식과는 달리 조각선이 느슨하고 해이해지는 등 고려시대의 퇴조된 양식을 보여 준다.

불전(佛殿)의 신장상

신장상들은 때로 부처님이 모셔진 불전을 수호하는 의미에서 건물 내부에 장엄되기도 한다. 물론 삼국시대부터 불전 안에 신장상이 배치되었다고 생각되지만, 현재는 통일신라시대에 조성된 석굴암 안의 신장상이 유일한 예라고 할 수 있다.

91쪽 사진 석굴암은 8세기 중엽에 축조된 인공 석굴로 우리나라 최고의 미술품으로 일컬어지고 있다. 더구나 그 안에는 38점이나 되는 조각품들이 있어서 그야말로 불교 미술의 보고(寶庫)라 해도 과언이 아닐 만큼, 우리나라 조각사에서 석굴암 조각이 차지하는 위치는 중요하다. 특히 이들 조각 가운데에는 많은 종류의 신장상들이 배치되어 있어 석굴을 수호하고 석굴 안에 안치된 불상들을 호위하는 역할을 하고 있다.

입구의 양측 벽에는 8구의 8부중상이 배열되었으며, 이들 벽면과 직각으로 꺾이는 2면에 인왕상이 새겨져 있다. 이 문을 들어서서 비도에는 좌우 벽면에 사천왕상이 새겨져 있으며, 원형 주실(主室)의 입구 좌우에 범천과 제석천이 배치되었다. 그리고 그 옆에는 문수, 보현보살을 비롯하여 10대제자, 11면관음상이 쭉 돌아가면서 배치되었고, 그 위로 10개의 감실 안에 불좌상이 들어 있다. 그리고 이 모든 상들의 한가운데에 본존불 좌상이 안치되었다. 우선 입구에 있는 8부중상은 본존 주실 왼쪽에 천(칼), 야차(염주), 간달바(칼, 정병), 가루라(삼지창)의 순으로, 오른쪽에 아수라(3면 8비), 긴나라(창), 마후가라(사자관), 용(용, 여의주)의 순으로 배치되어 있다. 이 상들의 조각 양식은 석굴암의 사실주의 양식을 보여 주고 있는 다른 상과는 달리, 인간적이고 현실적인 묘사, 둔중하고 경직된 느낌, 좌우 대칭적인 규칙성 등 8세기 말의 현실적인 양식을 반영하고 있어 다른 상보다 조금 늦게 조성되었다고 생각된다.

이 8부중상과 직각으로 꺾이는 벽, 곧 본실로 들어가는 입구의 좌우에는 2구의 인왕상이 조각되어 있다. 인왕은 원래가 문 입구를 지키는 신이므로 주실로 들어가는 입구에 배치된 것은 당연한 일이라고 할 수 있다. 2구의 인왕상은 거의 환조(丸彫)에 가까울 만큼 고부조로 조각되었는데, 왼쪽(向右) 상은 입구의 반대 방향으로 엉덩이를 쑥 내밀면서 상반신을 문쪽으로 기울게 하여 오른손은 아래로 내려 격파하는 모습이며, 왼팔은 번쩍 들어 권법 자세를 취하고 있다. 또 오른쪽(向左) 상은 왼쪽 상과 대칭되는 모습으로 왼손은 허리쯤에서 격파하는 모습, 오른손은 치켜들어 내리치는 자세를 취하고 있다. 이들 역사상의 험상궂은 얼굴과 부릅뜬 눈, 권법 자세를 취하고 있는 역동감 있는 두 손, 어깨뼈가 불끈 튀어나오고 근육들이 툭툭 불거진 모습들은 수호신으로서의 인왕의 성격을 매우 효과적으로 나타내 주고 있다.

한편 사천왕상은 전실과 본실을 연결하는 비도의 좌우 벽면에 각 2왕씩 부조로 새겨져 있다. 전실 쪽의 두 상은 전실 쪽으로 몸을 돌렸고, 본실 쪽의 두 상은 본실 쪽으로 몸을 돌리고 있어 이른바 사방을 지키는 수호신으로서의 배치 구도를 잘 보여 준다. 현재 비도의 왼쪽 벽면에는 지국천과 다문천, 오른쪽 면에는 증장천과 광목천을 배치하였는데, 지국천, 증장천, 광목천은 칼, 다문천은 보탑을 들고 악귀를 밟고 서 있다. 이 상들 역시 금강역사상과 같이 박진감 있고 역강한 형태를 보여 주는데, 용맹스러운 얼굴 표정과 함께 건강한 체구가 용맹한 장군의 모습을 연상시킨다. 더구나 고통에 찬 듯하면서도 유머스런 악귀들의 모습은 팽만감과 함께 탄력감을 느끼게 한다.

주실 입구 좌우에 새겨진 범천, 제석천상은 이들 신장상의 탄력적

18쪽 사진

이고 역강한 모습과는 대조적으로 부드럽고 우아한 모습이다. 제석천은 비스듬하게 서서 오른손에는 오고저(五鈷杵)를, 왼손에는 불자

(拂子)를 잡고 있으며, 화려한 보관을 쓴 얼굴은 길쭉하면서도 우아
하다. 범천 또한 늘씬한 체구에 갸름하면서도 풍만한 얼굴 등 전체
적으로 우아한 인상을 준다. 왼손은 정병, 오른손은 어깨까지 들어
불자를 잡고 있으며, 비교적 번잡스러운 천의로 전신을 감싸고 있
다. 이 두 상은 간혹 보살로 보는 견해도 있다. 그러나 범천, 제석천
이 부처 좌우에서 부처님을 호위하는 역할을 하는 점이나, 가장
높은 지위의 신으로서 사천왕, 8부중을 거느리고 부처님과 정법을
수호하는 신이라는 점에서 볼 때, 여러 신장상들과 함께 석굴 안의
부처님과 여러 상들을 수호하는 신장상으로 조성되었던 것이 분명
하다.

사리기(舍利器)의 신장상

탑 안에 봉안되는 사리를 보호하고 장엄하기 위한 사리장엄구에
도 사리 수호의 역할을 담당하는 의미에서 신장상이 조각되는 경우
가 많다. 현존하는 예를 볼 때 그 수는 그리 많지 않으나 삼국시대
이후 통일신라, 고려, 조선조에 이르기까지 사리장엄구 표면에 사리
수호의 목적으로 신장상을 조각한 예가 보이며, 그 종류도 인왕,
사천왕, 8부중 등 다양하다.

사리기의 표면 장엄으로 신장상이 등장하는 것은, 불사리 봉안의
사상적 기반을 이룬 「무구정광대다라니경(無垢淨光大陀羅尼經)」에
서 집금강주(執金剛主), 사천왕, 제석, 범천, 8부중 등 수호의 기능을
가진 외호신중들이 부처님에게 "저희들이 세존의 보호하심을 입어
이 주법(呪法)과 조탑법(造塔法)을 받았으니 모두 수호하고, 지니
고, 읽고, 쓰고, 공양하겠습니다"라고 한 데서 유래한다.

사리기 부조 신장상 가운데 가장 먼저 들 수 있는 것이 682년에

감은사 사리기 사천왕상 감은사 서 3층석탑에서 발견된 사리기에 부착되었던 청동제 사천왕상이다. 작은 금속상이기는 하지만 얼굴의 정밀한 세부 표현, 갑옷 무늬 하나하나까지 묘사한 세밀한 표현력, 정밀한 주조 기법이 돋보이는 작품이다. 왼쪽은 증장천, 오른쪽은 광목천상이다. 국립중앙박물관 소장. 682년. 보물 366호.

조성된 감은사 서 3층석탑 사리기에 부착되었던 청동제 사천왕상이다. 이 상들은 1959년 국립박물관이 감은사 서탑을 해체, 수리할 때 3층 옥신석에서 발견한 청동제 사각감(四角龕)의 표면에 부착되었던 것으로 현존하는 사천왕상의 예로는 가장 이른 시기의 작품이다. 4구의 상 가운데 현재 2구는 거의 완전하고 2구는 약간의 손상이 있다. 작은 금속상이지만 얼굴의 세부 표현까지 나타낸 정밀성이나 갑옷 무늬 하나하나까지 치밀하게 묘사한 세밀한 표현력, 정밀한 주조 기법 등에서 7세기 후반기의 사실주의적 조각 양식을 잘 드러내고 있다.

지국천왕은 부식이 심하나 전체 형태는 거의 완전하게 남아 있는데, 오른쪽으로 몸을 약간 비틀고 소 등 위에 서서 오른손은 허리에 대고 왼손은 어깨에 들어 창을 짚고 있다. 증장천왕은 현재 발목

아래는 절단되어 없어졌으나 그 윗부분은 비교적 잘 남아 있는데, 오른손은 허리에 붙이고 왼손에는 화염보주를 들고 있다. 정면을 향한 모습으로 부릅뜬 눈, 찢어진 입 등에서 사천왕의 위엄을 엿볼 수 있다.

광목천상 역시 무릎 아래가 잘라졌지만 보존 상태는 좋은 편이며, 왼손은 허리에 대고 오른손에는 금강저를 잡고 있다. 다문천왕상은 광배와 천의자락 일부만 없어졌을 뿐 거의 완전한 모습인데 오른쪽으로 몸을 약간 비틀었고 왼손은 허리에 대고, 오른손에는 보탑을 들고 서서 두 발로 악귀의 어깨를 밟고 있다. 이들 사천왕상은 당당하면서도 유연한 신체, 턱수염까지 표현된 박진감 있는 얼굴, 양감 있는 신체 표현, 신체 굴곡의 유연한 선과 더불어 인체를 사실적으로 묘사하고자 했던 것으로 통일신라시대 사실주의 조각의 선구적인 작품으로 평가된다.

이와 함께 내사리기 기단 중대 각 면에는 2구씩의 안상형 감(龕)을 마련하고 그 속에 1구씩 따로 주조한 8부중상을 봉안하였다. 8부중상은 비록 2센티미터에 불과한 작은 상이지만 정확하고 세밀한 묘사라든가 무장형의 자세 등 사천왕사 출토 신장상들과 흡사한 자세를 보여 주고 있다.

다음으로 들 수 있는 것이 황룡사 9층목탑에서 발견된 사리기의 내함과 외함에 선각되어 있는 신장상들이다. 사리내함은 전면에 2매의 장방형 금동판의 문비가 있고 각각 측판과는 상하 두 곳에서 금구(金具)로 연결되어 있다. 중앙에도 다시 작은 금구로 연결되어 여닫을 수 있게 되어 있는데, 전면의 문비 앞뒤에 각 한 쌍씩의 신장 입상이 유려하게 조각되어 있다.

2쌍의 신장상은 모두 서로 마주 보고 있으며, 머리 위의 관식과 갑의의 양식 등이 사리구를 추가로 넣기 위해 금동 내함을 새로 만들었던 9세기 경문왕대의 조각 양식을 반영하고 있다. 표면 문비에 조각된 인왕상은 아랫부분이 일부 결실되었으나 거의 완전한 형태로 남아 있다. 가운데를 향하여 서로 마주 보고 권법 자세를 취하고 있으며, 그 주변에는 화문이 새겨져 있다.

오른쪽의 역사상은 머리카락을 위로 올려 묶었으며, 상반신은 나신이지만 하반신에는 천의를 걸쳤다. 오른손을 들어 어깨 위에서 왼쪽 아래를 향해 내리치려는 듯한 자세를 취하고, 왼손은 45도 각도로 내려 뻗고 있는데 울퉁불퉁한 근육 표현, 부리부리한 큰 눈 등이 역사의 강한 힘을 과시하는 듯하다. 또 왼쪽 상 역시 오른쪽 상과 비슷한 자세로서, 아래로 내려 뻗은 오른손은 분명치 않지만 칼 모양의 어떤 것을 잡은 것 같다. 왼손은 위에서 아래로 내리치려는 자세가 아니라 단지 팔을 굽혀 주먹을 쥐고 있어 오른쪽 상보다는 다소 정적인 느낌이 든다. 이 상들의 안쪽에도 역시 2구의 신장상이 선각되어 있다. 표면의 인왕상과는 달리 2구 모두 투구를 쓰고 있으며, 복잡한 갑옷을 입고 칼을 든 형태의 신장상이다. 외형상 사천왕에 가깝다.

한편 사리외함의 벽판 4매에도 각 2구씩 모두 8구의 신장 입상이 선각되어 있다. 벽판들은 다리 아랫부분이 부식되어 손상이 심하지만 모두 갑옷을 입고 무기를 든 무장형의 입상으로, 천의는 배 부근에서 이중의 U자형을 이루며 흘러내리고 있다. 이 선각상들의 조각 양식은 삼국시대 말기인 7세기 전반의 조각 수법을 보여 준다. 이런 조각 양식은 경주 석실고분 문비 양면의 신장상 석조와 비교되며, 또한 일본 당마사(當麻寺), 법륭사(法隆寺)의 고대 목조 사천왕상과도 비교될 수 있는 고식 수법이다. 이 8구의 신장상들이 어떤 도상인지는 분명치 않으나 내함에 새겨진 신장상처럼 사리를 외호하는 의미에서 새겨졌음이 분명하다고 생각된다.

이 밖에도 통일신라시대의 남원 발견 사리기라든가 도리사 석종 사리기, 고려시대의 월정사 8각 5층석탑 사리기, 공주 수원사지 석탑 사리기, 불국사 3층석탑 사리기, 광주 서 5층석탑 사리기, 전(傳) 보광사지 석탑 사리기 등에도 인왕, 사천왕상 등 신장상이 선각되어 있다. 도리사 석종 사리기에는 8면 가운데 4면에 사천왕상, 2면에 범천, 제석천이 선각되어 봉암사 지증대사탑의 부조 형식과 같은 것을 알 수 있다. 이 사천왕상들의 생기 있는 얼굴이라든가 유연하고 당당한 체구, 세련되고 치밀한 갑옷 무늬 등은 석굴암 사천왕상과도 일맥 상통하는 양식을 보여 준다.

불감(佛龕)의 신장상

불감은 내부에 불상과 보살상 등을 안치하거나 불감 자체에 부조로 불상, 보살상을 조각하는 경우가 많다. 특히 전각형(殿閣型)으로 되어 내부에 불상과 보살상을 봉안하는 불감의 경우에는 문비 안이나 불감 안팎의 벽에 신장상이 부조되는 경우가 많다. 현재 신장상이 부조되거나 그려져 있는 불감은 고려시대의 천은사 불감을 비롯하여 국립중앙박물관 소장 금동 불감, 미국 하버드 대학의 포그미술관 소장 금동 불감, 송광사 소장 금동 불감과 조선시대의 수종사 불감을 대표적인 예로 들 수 있다.

98, 99쪽 사진

천은사 금동 불감(높이 43센티미터, 폭 38센티미터)은 고려시대 후반기의 작품으로 전남 구례 천은사에 소장되어 있으며, 현존하는 고려시대 불감 가운데 가장 뛰어난 작품으로 평가된다. 우진각 지붕의 불감 내부에는 불좌상(佛坐像) 2구가 봉안되어 있다. 내부 벽과 천장 등에는 불, 보살 삼존상을 비롯하여 10대제자, 사천왕, 연당초문, 구름, 봉황 등을 타출 기법(打出技法)으로 양각하고, 두 문비의 안쪽 면에는 인왕상이 역시 타출 기법으로 1구씩 양각되어 있다. 인왕상은 모두 머리에 화관을 쓰고 허리에서부터 무릎까지 오는 군의를 입고 있다. 몸 전체에는 천의를 휘감고 있는데, 한 손에는 금강저와 칼을 잡고 다른 한 손은 각각 가슴 앞과 머리 위로 들어 권법 자세를 취하고 있다. 상체를 과장되게 비틀고 권법의 자세를 취한 모습이나 울퉁불퉁한 근육의 표현, 분노하는 듯한 얼굴 표정 등이 매우 사실적이다. 이러한 모습은 1275년에 조성된「불공견색 신변진언경(不空羂索神變眞言經)」권13의 변상도로 그려진 신장상 과 거의 비슷하다.

국립중앙박물관 소장 금동 불감(높이 26센티미터, 폭 25.2센티미 터)은 개성 부근에서 출토되었다고 전하는 것으로, 안에 봉안되었던 불상은 천은사 불감과 유사한 구조를 보여 주고 있으나 그보다 약간 규모가 작다. 그러나 불감 안팎 벽면 가득히 다양한 도상들을 배치 하고 있어 미술사적인 면에서 주목된다.

문비 안쪽에는 인왕상이 부조되었고 감 내부에는 삼존불과 10 대제자, 보현보살, 문수보살, 연당초문, 용이 새겨졌다. 감의 바깥쪽 벽면에는 양 측면에 각 2구씩 사천왕상을, 뒷벽에는 8부중상과 연당

초문을 선각하였다. 문비 안쪽의 인왕상은 과장되게 몸을 비틀고 서 있는 자세, 울퉁불퉁한 근육 표현, 한 손에는 금강저나 칼을 들고 한 손으로 권법 자세를 취하고 있는 모습 등이 천은사 불감의 인왕 상과 흡사하지만 전체적으로 조각선이 부드럽지 못하고 날카롭다.

사천왕상은 감의 바깥쪽 좌우 벽에 구름을 배경으로 하여 각 2 구씩 선각되었는데, 왼쪽 벽의 두 상은 각각 탑과 비파를 들고 있으며, 오른쪽 벽의 두 상은 칼을 들거나 합장을 하고 있다. 따라서 왼쪽 벽의 상은 다문천(탑)과 지국천(비파), 오른쪽 상은 증장천 (칼)과 광목천(합장)으로 생각된다. 감의 바깥쪽 뒷벽에는 하단에 연당초문, 상단에 8구의 신장상이 선각되어 있는데, 이들은 좌우 4구씩 모두 8구의 상이 배치되어 8부중상으로 추정되나 도상에 의한 구분은 어렵다. 8구 모두 무릎까지 오는 하의를 입고 천의를 걸치고 있으며, 탑이나 금강저, 긴 막대기 등을 들고 있고 합장한 상도 있다. 고려시대에 이르면 8부중의 도상이 거의 없어져 그 예가 드물지만 이 불감에서는 인왕상과 사천왕상이 모두 표현된 것으로

금동 불감 인왕상, 사천왕상 개성 부근에서 출토되었다고 전하는 작품으로, 문비 안쪽에 인왕상이, 감의 바깥쪽 양 측면에 각 2구씩 사천왕상이 조각되어 있다. 인왕상의 과장된 자세, 울퉁불퉁한 근육 표현, 권법 자세 등이 일반적인 고려시대 불감 내지 사경의 신장상 모습과 동일하다. 왼쪽은 인왕상, 오른쪽은 사천왕상이다. 국립중앙박물관 소장. 고려. 높이 26센티미터.(왼쪽, 오른쪽)

보아 8부중으로 생각된다.

이 밖에도 신장상이 표현되어 있는 불감으로 하버드 대학 포그미술관에 소장된 금동 불감(높이 24센티미터, 폭 22.6센티미터)을 들 수 있다. 이 불감은 천은사 불감이나 국립중앙박물관 소장 금동 불감에 비하면 지붕과 기단부가 없는 간단한 구조를 보이고 있는데, 감 안에는 보살 입상 2구가 남아 있고 내부에는 협시 군중, 문비 안에는 인왕상이 부조되어 있다. 이 가운데 인왕상은 천은사 불감이나 국립중앙박물관 소장의 불감 인왕상과 비슷하지만 전체적인 형태가 좀더 과장되었고 선묘 자체가 형식화되는 등 조각 수법 자체가 떨어지는 느낌을 주고 있다.

송광사 불감(높이 26센티미터, 폭 13.5센티미터)은 고려 말에서 조선 초기의 작품으로 송광사 제16대 고봉 화상(高峰和尙)의 원불(願佛)이라고 전한다. 두 문을 여닫을 수 있게 만든 감의 안과 밖에 불, 보살상과 나한상 등이 부조되었고 양쪽 문비 안쪽에는 지장보살과 관음보살, 문의 바깥면에는 험상궂은 모습의 인왕상이 한 구씩 부조되어 있다. 인왕상의 형태는 신체나 천의자락, 화염 표현 등이 매우 도식화되어 조선 초기 원각사탑의 부조와 유사한 양식을 보여 준다.

1459년부터 1493년사이에 만들어진 것으로 추정되는 수종사 불감(水鐘寺佛龕)은 1957년 수종사 8각 5층석탑을 해체, 조사할 때 1493년명의 복장(腹藏)과 명문을 지닌 금동불 좌상과 함께 1층 탑신 안에서 발견되었다. 문비 양쪽 내면에 타출 기법으로 인왕상을 새겨서 금니를 칠하였는데, 두 상 모두 가운데를 향해 몸을 휘게 하고 한 손은 어깨 위 또는 가슴 부근으로 들어 내리치려는 모습을 하고, 다른 한 손은 내려 권법의 자세를 취하고 있다. 옷자락이 많이 날리지 않고 머리 위의 화염도 아주 적게 표현되어 정리된 모습을 보여 주지만 전(前) 시대의 신장상들보다 과장이 덜하면서

힘이 없어 보이며, 근육도 정제되고 울퉁불퉁하지 않아서 인왕의
역강함이 줄어든 듯 전체적으로 정리된 듯한 느낌을 준다.

금강령(金剛鈴)의 신장상

금강령은 밀교 의식 때 사용하는 법구(法具)이다. 흔들어 소리를
내서 불성(佛性)을 깨닫게 하여 성불(成佛)의 길로 이끌어 주는
역할을 하는데, 요령의 손잡이 끝이 금강저 끝과 같은 모습을 하고
있어 금강령이라 부른다. 대개 동으로 만들며, 몸체에 다양한 신장상
을 조각하여 아름다운 모습을 보여 준다.

현존하는 금강령 가운데 몸체에 신장상이 새겨진 예는 약 20여
점에 해당되며, 대부분이 고려시대 이후에서 조선 초기에 이르는
작품들이다. 몸체에 새겨진 신장들은 5대 명왕(五大明王)을 비롯하
여 범천, 제석천, 사천왕, 8부중 등인데 특히 범천, 제석천과 사천왕
이 함께 표현되는 범석사천왕령(梵釋四天王鈴)이 가장 많다.

5대 명왕령은 5인의 대명왕(大明王), 곧 부동명왕(不動明王), 군다
리명왕(軍茶利明王), 항삼세명왕(降三世明王), 대위덕명왕(大威德明
王), 금강야차명왕(金剛夜叉明王) 등을 동서남북과 중앙의 방위에
따라 새긴 것이다. 우리나라 미술품에서는 잘 나타나지 않는 밀교
도상이 금강령에 많이 표현되어 있는 것은 금강령 자체가 밀교 의식
에 사용되는 법구이기 때문이다.

이들 상은 대부분 부동명왕을 제외하고는 모두 다면 다비상(多面
多臂像)으로, 화염형의 두발에 상반신은 나형으로 표현되었다. 그리
고 금강령에 조각된 사천왕들은 모두 투구와 갑옷을 걸치고 악귀와
구름을 밟고 서 있는 무인형으로 사천왕의 일반적인 도상을 따르고
있으나 국립청주박물관, 해인사 등에 소장되어 있는 범석사천왕령의 102쪽 사진

금강령 몸체에 범천과 제석천, 사천왕상이 조각되었는데, 범천과 제석천은 부드러운 귀인형으로 불자(拂子) 또는 금강저를 쥐고 있으나 사천왕이 활과 화살을 들고 있어 다른 미술품에서는 볼 수 없는 특이한 도상이다. 국립청주박물관 소장. 고려. 높이 21.7센티미터.

경우, 사천왕은 활과 화살을 들고 있어 다른 미술품에서는 볼 수 없는 특이한 도상을 보여 준다. 그러나 범천과 제석천은 부드러운 귀인형의 모습으로 불자(拂子) 또는 금강저를 쥐고 있는데, 고려시대의 범종이나 부도 등에 보이는 인물상의 양식과 비슷하다.

금강령에 8부중이 표현된 예는 국립부여박물관과 국립중앙박물관에 소장된 8부 신장령 2점만이 알려져 있다. 이러한 도상은 중국이나 일본에는 없는 우리나라만의 특이한 도상으로 8부중 각각의 도상적 특징이 거의 비슷하여 각 존상의 정확한 명칭을 알 수 없다. 고려시대에 이르면 개심사지 5층석탑(1010년)이나 거돈사 원공국사 승묘탑(1025년) 등에서도 도상의 특징이 거의 지켜지지 않고 모두가 똑같은 모습으로 표현되고 있다. 사천왕이나 8부중이 고려시대 이후 석탑, 부도에서는 점차 사라지는 반면, 금강령에 많이 나타나고 있는 것은 고려 불교가 법회, 도량 등을 중심으로 한 밀교적인 색채가 강했다는 것과도 관련이 있지 않나 생각된다.

벽화(壁畫)의 신장상

현재 벽화에 신장상이 그려진 예는 그리 많지는 않지만 조선시대 전기까지는 벽화가 불교 회화의 주류를 이루었던만큼 벽화에도 신장상이 많이 제작되었으리라고 생각된다. 그러나, 조선 전기와 그 이전의 벽화들은 건물의 파괴나 건물의 보수 등으로 거의 남아 있지 않은 실정이며, 더구나 판벽에 그린 그림일 경우 수명이 극히 짧기 때문에 연대가 오랜 그림은 거의 찾아볼 수 없다. 하지만 '선원사비로전단청기'(「東文選」권65)에서 보듯이 1325년 선원사의 동, 서벽에 40신중상을 그렸다는 기록이나 금주 안양사탑 안의 4벽에 그린 사방불화(四方佛畫) 가운데 북벽에 금경신중회(金經神衆會)를 그렸다는 기록(「동문선」권76 '衿州安養寺塔重新記')으로 보아 고려시대에는 벽화 신장상이 꽤 그려졌다는 것을 알 수 있으나, 현재는 부석사 조사당 벽화 6구만이 남아 있을 뿐이다.

부석사 조사당의 벽화 신장상은 고분 벽화를 제외하고는 우리나라에서 가장 오래 된 채색 그림 가운데 하나로 13, 14세기의 작품으로 추정된다. 현재 범천과 제석천, 사천왕상 등 6구가 남아 있다. 원래 이 신장상들은 조사당의 문 입구 쪽에 배치되어 있던 것들로, 부석사의 창건주인 의상 법사의 소상(塑像)을 모셨던 조사당의 호법 선신으로 제작되었다고 추측된다.

제석천은 몸을 왼쪽으로 틀고 있는 측면상의 입상으로 머리에는 화려한 보관을 쓰고 있으며 두 손은 앞가슴에 모아 합장하고 있다. 부드러운 얼굴 표정, 유연한 신체의 굴곡, 좁은 어깨, 날씬한 몸매 등 여성적인 모습을 보여 준다. 또 범천상은 넓적한 얼굴에 긴 눈, 작은 입 등 고려시대 불상과 불화의 인물 특징을 잘 보여 주고 있으며, 굵은 목이라든지 넓고 듬직한 어깨 등 전체적으로 남성에 가까운 건장한 인상을 풍긴다. 머리에는 역시 화관을 쓰고 있으며 두

손은 소매자락 안에서 마주 잡은 듯하고, 두 손 위로 천의가 발 끝까지 늘어져 있다.

106, 107쪽 사진

범천, 제석천의 귀부인 같은 모습과는 달리 사천왕상은 그들의 성격이나 역할에 어울리듯 움직이는 모습을 보이고 있다. 사천왕상 그림은 일부 손상이 있으나 모두 머리에는 투구를 쓰고 갑옷을 입고서 악귀를 밟고 서 있다. 사천왕의 도상은 시대에 따라 약간의 차이가 있어 도상을 정확히 밝히기는 어렵지만 각 천왕이 갖고 있는 특징과 다른 예를 비교해 볼 때, 왼손에 칼을 잡고 오른손을 가슴에서 손바닥을 안으로 향하고 있는 지국천왕, 왼손에 화살을 잡고 오른손은 배에 대고 있는 증장천왕, 왼손의 둘째 손가락을 굽혀 엄지와 맞대고 오른팔을 내려 칼을 잡고 있는 광목천왕, 왼손에 긴 창을 잡고 오른손을 허리 부근에서 안으로 향한 다문천왕을 나타낸 것으로 생각된다. 이들은 모두가 당당하면서도 건장한 장군의 형태를 보여 주고 있으며, 늘씬하고 세련된 체구, 툭 불거진 눈망울과 기백 있는 얼굴, 휘날리는 옷자락 등이 12, 13세기 고려 불화 양식과 흡사하다.

105쪽 사진

조선시대에 이르러서도 초기까지는 벽화가 계속 제작되었으나 점차 탱화가 불화의 주류를 이루게 되면서 벽화의 제작은 급격히 줄어들어 그 수가 적다. 그 가운데 신장상이 표현된 대표적인 예로 경기도 보광사 대웅전의 판벽화(板壁畫)를 들 수 있다. 보광사 대웅전은 좌우와 뒷벽을 모두 판자벽으로 하여 각 벽에 다양한 도상의 그림을 그렸는데, 오른쪽 벽(向左)에는 코끼리를 탄 동자상과 인로보살 그림, 왼쪽 벽에는 신장상, 그리고 뒷벽에는 용선(龍船), 수석도(水石圖), 연화생도(蓮華生圖) 등을 가득 묘사하였다.

이 가운데 왼쪽 벽은 벽 전체를 세 등분하여 가운데는 해태를 타고 옷자락을 휘날리는 천인이 연꽃가지를 들고 서 있는 모습을, 양쪽 벽에는 각각 신장상을 1구씩 그렸다. 왼쪽의 신장상은 긴 창을

허리쯤에 비껴들고 오른쪽으로 몸을 향해 천의를 휘날리면서 나아
가려는 자세를 취하고 있다. 이러한 모습은 고려시대 변상도의 신장
상과 비슷하지만 그보다는 좀더 정제된 듯 율동감이 부족하다. 오른
쪽에는 긴 장검을 가슴 앞에서 가로로 받들고 무복(武服)을 입고
서 있는 신장상이 그려져 있는데, 조선 후기 신중 탱화에 흔히 나타
나는 동진보살, 곧 위태천의 모습과 유사한 형태임을 알 수 있다.

이 벽화 신장상들은 현재 색도 많이 떨어져 나가고 일부 지워진
부분도 있으나 벽화의 양식으로 보아 1898년에 보광사의 다른 불화
들과 함께 조성된 것으로 보인다.

이 밖에도 일부 사찰에 판벽화 신장상이 전하고 있는데, 색채가
많이 탈락되어 도상적 특징을 잘 알 수 없으며, 대개가 조선 후기
이후에 제작된 것으로 추정된다.

보광사 판벽화 대웅전의 왼쪽 판벽에 그려져 있는 벽화
신장상이다. 긴 장검을 가슴 앞에서 가로로 받들고 무복
(武服)을 입고 있는 모습이 조선시대 탱화에 흔히 나타
나는 위태천(韋駄天)과 유사하다. 경기도 파주군 광탄면
영장리 소재. 1898년경.

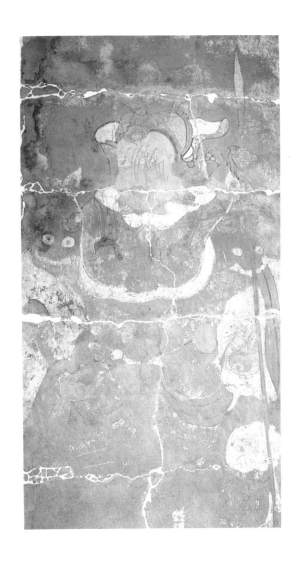

부석사 벽화 사천왕상(다문천) 부석사 조사당 문 입구 쪽에 배치되어 있던 것으로,
우리나라에서 가장 오래 된 채색 그림 가운데 하나이다. 이 상은 왼손에 긴 창을 잡고
오른손은 허리 부근에서 안으로 향하고 있는데 당당하면서도 건장한 장군의 형태가
잘 표현되어 있다. 경북 영풍군 부석면 북지리 소재. 고려.

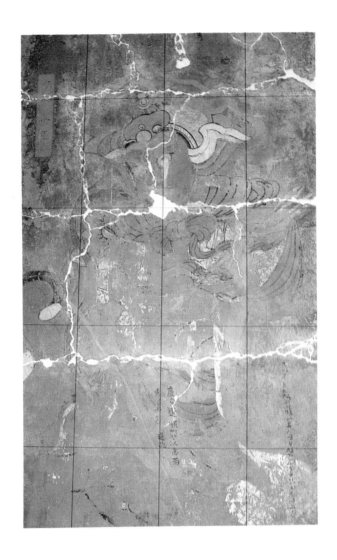

부석사 벽화 사천왕상(증장천) 왼손에 화살을 들고 오른손은 배에 대고 있는 상으로
툭 불거진 눈망울과 기백 있는 얼굴 등이 12, 13세기 고려 불화의 양식과 흡사하다.

탱화(幀畵)의 신장상

탱화 가운데 신상상이 표현되는 경우는 크게 두 가지로 볼 수 있다. 하나는 불설법도에서 권속으로 나타나는 경우인데, 이 때는 불법을 수호하는 호법신 또는 청문중(聽聞衆)으로서 대개 화면의 가장자리나 윗면에 무기를 든 모습으로 표현된다. 대부분의 탱화에서는 사천왕과 8부중이 묘사되지만, 약사여래설법도의 경우에는 약사 12신장상이 표현되는 것이 일반적이다.

그리고 또 신장 가운데 단독으로 조성되거나 신앙되지는 않지만 신중으로 분류될 수 있는 신장상들이 있다. 곧 신중 탱화 속에 표현되는 신장들로서, 이들은 하나하나가 독립된 신앙을 갖지는 않지만 '신중(神衆)'으로서 독립된 예배 대상이 된다는 점에서 오히려 호법신으로 표현되는 신장상보다 더욱 직접적이고 독립된 신앙 대상이라고 할 수 있다.

신중 탱화는 보통 불전에서 중단 탱화(中壇幀畵)로 봉안되어 그 전각 안의 불, 보살 등을 내호하는 역할과 함께 벽사의 기능을 갖고 있다. 신중 탱화에 나타나는 신장들은 대개 기능에 따른 도설이 어려운 것을 모두 합쳐 하나의 도상을 이루고 있는데, 예를 들어 화엄 신중이라든가 104위 신중 등이 그것이다.

현재 어느 사찰에 가든지 한두 점에서 10여 점에 이르기까지 많은 양의 신중 탱화가 전하고 있는데, 이들은 대부분이 18세기 이후의 것들로서, 그림의 형식이 매우 다양하다. 신중 탱화의 형식은 첫째 제석천을 위주로 그린 제석탱(통도사 대웅전 신중탱, 파계사 선설당 제석탱, 송광사 대웅전 제석탱, 청곡사 대웅전 신중탱), 둘째 제석과 천룡(天龍)을 함께 그린 제석 천룡탱(동화사 대웅전 신중탱, 송광사 화엄전 신중탱, 통도사 대웅전 신중탱, 대흥사 신중탱, 신륵사 신중탱, 봉은사 신중탱), 셋째 제석과 금강 그림(통도사 극락

전 금강계단탱, 용주사 대웅전 신중탱), 넷째 제석과 범천, 위태천
(韋駄天, 일명 동진보살)을 중심으로 한 그림 등으로 나누어진다.

　우선 첫번째 형식의 경우 제석을 중앙에 두고 모든 신중을 제석의
주위로 배치한 형식으로 보통 제석과 범천을 나란히 그리는 것이
많다. 둘째, 제석천룡 그림은 화면의 윗부분에는 제석과 범천을 위주
로 한 신중들을, 아랫부분에는 위태천을 중심으로 기타 8부중을
좌우에 배치한 형식이다. 또는 화면을 좌우로 나누어 오른쪽에는
범천, 제석천, 동자상, 천녀상 등을, 왼쪽에는 위태천을 중심으로
좌우 신장상과 금강상 등을 배치하기도 한다. 셋째, 제석과 금강

용주사 대웅전 신중탱화 중앙에 금강신을 크게 그리고, 좌우에 범천, 제석천 그 아래에 위태천을 배치하였다. 인물 표현에 음영법을 사용한 것이 주목되는 작품이다. 경기도 화성군 태안면 송산리 소재.

그림은 윗부분에 제석과 그 권속인 왕 등 신중을, 아랫부분에는 칼을 든 금강신과 무기를 든 신장을 배치한 형식이다. 또한 용주사 신장상에서처럼 중앙에 금강신을 크게 그리고 좌우에 범천·제석천, 그 아래에 위태천을 그린 경우도 있다.

이 밖에도 통도사 5계수호신장도(五戒守護神將圖, 1736년)처럼 5계를 수호하는 신장상들을 각각 독립적으로 그린 것이라든지 여덟 금강을 각 폭으로 그린 8금강도(通度寺八金剛圖, 1736년), 수수인신(獸首人身)의 12신장 그림 등도 있다.

이와 같이 무수한 신들을 독립적으로 또는 제석과 함께 그린 탱화들이 많이 있어 신중 탱화의 범위는 한마디로 정의할 수 없다.

신중 탱화 화면의 윗부분 중앙에 합장을 한 보살형의 범천과 제석천 및 왕을, 아랫부분에 위태천을 중심으로 역시 합장을 한 천룡8부를 그린 형식의 신장탱으로, 붉은색이 주조 색을 이루고 있다. 호림박물관 소장. 조선 후기.

경변상도(經變相圖)의 신장상

경변상도란 경전의 내용을 압축, 묘사하여 경전 앞머리에 그린 그림으로서 대개 경이 잘 보존될 것을 기원하거나, 경전을 사경(寫經) 혹은 판각(版刻)한 자, 또는 그 경전을 읽는 모든 이들을 골고루 수호해 준다는 의미에서 앞머리에 호법 신장상을 그리는 경우가 많다. 통일신라시대나 고려시대에는 감지(紺紙)나 자지(紫紙)에 금은니(金銀泥)로 신장상을 그리는 경우가 많고 조선시대에 이르면 대개 목판으로 찍어 사용한다.

경변상도에 그려진 신장상으로 가장 연대가 올라가는 것은 754년부터 755년 사이에 제작된 '대방광불화엄경변상도'의 바깥 표지에 그려진 인왕상이다. 이 변상도는 닥종이에 금은니를 사용하여 「신역 화엄경」의 43권에서 50권까지의 제7 보광명전중회의 설법 장면을 도해한 그림이다. 안쪽에는 화엄경의 7처9회도 가운데 일부를 그리고, 바깥 쪽에는 보상화문과 화염에 둘러싸인 인왕상을 묘사하였다. 현재 종이가 많이 낡아서 자세한 모습은 알 수 없으나, 유려한 필선으로 능숙하게 처리한 인왕상의 모습은 사실주의 양식이 가장 발전했던 8세기 중엽의 회화 양식을 잘 보여 준다.

113쪽 사진 고려시대에 이르면 사경의 앞머리에 신장상을 그리는 것이 꽤 유행하였던 듯하다. 현재 몇 예가 남아 있는데, 가장 대표적인 작품이 「불공견색신변진언경」 권13의 표지 안에 그려진 금니 신장상이다. 이 사경은 13세기 후반 국왕 발원의 은자원(銀字院)에서 제작된 작품으로 겉표지에 금은니로 보상화문이 그려져 있고, 표지 안쪽에 유려한 필치로 신장상을 그렸다.

이 신장은 한 손에는 칼을 들고 한 손은 가슴 앞에 들어 내리치려는 권법 자세를 취하고 있는데, 머리에는 화관을 쓰고 하체에는 무릎까지 오는 군의를 입고 있다. 몸 전체를 천의로 휘감았으며,

대방광불화엄경변상도(권41) 신장상 사경의 앞부분에는 대개 그 경전의 내용이 잘 보전되기를 바라는 마음에서 신장상을 그려 넣는 경우가 많다. 온 몸을 휘감고 쓴 천의자락, 비스듬히 몸을 비틀고 서 있는 자세, 두광을 감싸는 불꽃무늬 등 고려시대 사경 신장상의 양식을 보여 주는 작품이다. 동국대학교 박물관 소장. 고려.

머리 주변에는 화염문이 그려져 있다. 과장되게 몸을 비틀고 있는 모습 등이 천은사 금동 불감이나 국립중앙박물관 소장 금동 불감에 표현된 인왕상의 모습과 흡사하다. 또 신장상의 천의에는 고려 불화에 자주 사용되던 전형적인 큰 원 무늬가 그려져 있어 당시 일반 불화와 같은 양식을 보여 준다.

「문수사리문보리경」(1276년, 감지은니, 일본 문화청 소장)의 앞머리에도 이와 유사한 신장상이 그려져 있다. 머리에는 보관을 쓰고 있으며, 양손에 금강저를 쥐고 연화대에 서 있는데, 몸에 걸친 군의의 휘날림이 심하다. 이 신장상과 유사한 것은 「소실지갈라공양법」 권7(고려 말, 은지금니, 일본 서명사 소장)의 앞에 금니로 그려진 신장상이다. 이 상은 정확한 연대는 알 수 없으나 「문수사리문보리경」의 상과 거의 흡사하므로 같은 시기에 제작된 것으로 추정된다. 신장은 왼손에 칼을 쥐고 오른손에는 견색을 쥐고 있는 분노형이다. 군의는 허리에서 묶었는데 바람에 휘날리며 양 어깨에 걸린 천의는 양팔을 휘감아 뒤쪽으로 휘날리고 있다. 이 밖에도 1294년에 제작된 「묘법연화경」(감지은니, 일본 보적사 소장)의 앞부분에도 앞에서 언급한 여러 신장상들과 유사한 모습의 신장상이 그려져 있다.

한편 조선시대에는 대부분의 경전이 목판화로 제작되면서 앞부분의 변상도 또한 판화로 제작되었다. 따라서 이 경우에는 붓으로 직접 종이 위에 그린 그림들에 비하여 정교함이라든가 섬세함이 뒤떨어지기 마련이다. 그리고 신장상 자체도 전(前) 시대와는 달리 긴 장검을 가슴 앞에서 받들고 공작깃 투구에 갑옷을 입은 모습으로 표현된다. 그 옆에는 대부분이 "동진보살"이라고 명기하고 있어서 신장 탱화에서 주요한 신장으로 등장하는 위태천(동진보살)이 경전을 보호하는 호법 신장으로 널리 애용되었던 것 같다.

사찰 문의 신장상

절에는 많은 종류의 문이 있지만, 천왕문(天王門)이니 금강문(金剛門), 인왕문(仁王門) 등 이름이 붙은 중문(中門)은 수문장격인 115쪽 사진 신장을 봉안하는 것이 일반적이다. 따라서 신장의 종류에 따라 문 이름이 정해지기 마련이다.

사천왕상을 안치하는 경우에는 천왕문, 인왕을 안치하는 경우에는 금강문, 인왕문 등 이름이 붙여지는데 이들 문에는 주로 소조나 목조의 신장상을 봉안한다. 또는 동화사 입구 사천왕문의 경우처럼 그림을 그려 봉안하기도 한다. 그리고 양쪽 문에는 문지기격의 인왕상을 각각 그려 가람 수호의 역을 맡기고 있다. 사찰 문에 배치되는 사천왕상의 경우 현존하는 것들은 대부분 조선 후기 이후의 것들이다. 이 경우 사천왕의 지물이나 도상은 조선 후기의 일반적인 예를 따라 지국천왕은 비파, 증장천왕은 보검, 광목천왕은 용과 여의주 또는 새끼줄, 그리고 다문천왕은 탑을 받쳐 든 모습으로 나타난다.

송광사 천왕문 절에는 많은 문이 있지만 천왕문이니 금강문, 인왕문 등의 이름이 붙은
문은 절의 수문장격인 신장을 봉안하는 것이 일반적이다. 천왕문은 사천왕상을 봉안
한 문을 일컫는 말이다. 전남 승주군 송광면 신평리 소재.

맺음말

    지금까지 신장상의 성격과 종류, 신장 신앙, 그리고 우리나라의
신장상에 대하여 살펴보았다. 물론 여기에서 살펴본 여러가지 미술
품 이외에도 신장상이 표현되는 경우는 많다.

    예를 들어 금강 계단(金剛戒壇)의 주위에 사천왕상을 배치하기도
하고(통도사 금강 계단, 불일사 금강 계단, 금산사 금강 계단 등),
경주 석실고분 석비(石扉)나 1146년의 인종 시책(仁宗諡冊)처럼
선각으로 신장상을 새긴 예도 있다. 또 운문사 사천왕 석주라든가
계유명 청동 신장 입상, 기타 여러 박물관에 소장된 신장상들처럼
확실한 용도는 알 수 없는 많은 신장상이 전하고 있다.

    신장은 불법이나 가람의 수호라고 하는 외호적인 성격과 벽사
(辟邪), 소재(消災)라고 하는 내호적인 성격을 지니고 있기 때문에
밖으로는 외적의 침입에서 나라를 지켜 주는 신으로, 그리고 안으로
는 질병을 없애 주고 복을 내리는 신으로서 오랜 기간 동안 많은
사람들에 의해 꾸준히 믿어져 왔다. 따라서 이러한 신장의 성격에
따라 여러 종류의 미술품에 수호신으로서 조각되었으며, 신중 탱화
와 같이 독립된 예배 대상으로 조성되기도 하였다.

신장은 불, 보살에 비하여 민중들과 보다 가깝고 친근한 신이며, 무서움과 두려움에서 지켜 주는 신으로 믿어져 왔기 때문에, 엄격하고 위엄 있게 표현해야 하는 불상이나 보살상에 비하여 훨씬 다양하고 자유로운 표현 수법으로 조성된 것이 많다. 따라서 어떤 때는 아주 무섭게, 또 어떤 경우에는 익살스럽게 표현되는 등 불교상 가운데서도 매우 독창적이고 다양한 도상을 보여 준다.

　신장상은 우리 민족의 불교 신앙의 일면을 살펴볼 수 있는 한편 조상들의 창작 혼을 엿볼 수 있는 귀중한 미술품으로, 불교신앙사적인 측면에서 뿐만 아니라 미술사적으로도 주목되는 작품이라는 점에서 보다 많은 관심을 가졌으면 한다.

빛깔있는 책들 103-13

신장상

글	—김정희
사진	—김정희

회장	—차민도
발행인	—장세우
발행처	—주식회사 대원사

주간	—박찬중
편집	—김한주, 조은정, 황인원
미술	—차장/김진락
	김은하, 최윤정, 한진
전산사식	—김정숙, 육세림, 이규헌

첫판 1쇄	—1989년 12월 26일 발행
첫판 6쇄	—2002년 4월 30일 발행

주식회사 대원사
우편번호/140-901
서울 용산구 후암동 358-17
전화번호/(02) 757-6717~9
팩시밀리/(02) 775-8043
등록번호/제 3-191호
http://www.daewonsa.co.kr

(대원) 값 13,000원

Daewonsa Publishing Co., Ltd.
Printed in Korea(1989)

ISBN 89-369-0052-8 00220

빛깔있는 책들